POEMAS IGNORADOS

Ana Romero Herraiz

# Poemas Ignorados

*deauno.com*

Romero Herraiz, Ana
Poemas ignorados. - 1a ed. - Buenos Aires : Deauno.com, 2008.
208 p. ; 21x15 cm.

ISBN 978-987-1462-62-9

1. Poesía Española. I. Título
CDD E861

Primera edición


ISBN: 978-987-1462-62-9

Hecho el depósito que marca la Ley 11.723
Impreso en el mes de septiembre de 2008 en
Bibliográfika, de Voros S.A.
Buenos Aires, Argentina.

## Biografía de la autora

A vista de pájaro el paisaje montañoso la serranía de Cuenca semeja una frondosa alfombra verde al norte de la provincia. El verdor aceitunado de pinares, carrascas y arbustos aromáticos contrasta con el gris terroso de los acantilados de las hoces y el cristalino de manantiales y arroyos. A pocos kilómetros del Balneario del Solán de Cabras, en el vértice de una hermosa vega encontramos un color inesperado: el turquesa de la Laguna Grande, municipio de El Tobar. Esta tierra alberga más de una sorpresa.

En una familia humilde de campesinos de este pueblo nació Ana Romero Herraiz en 1931. Desde pequeña mostró gran afán por aprender. Cuentan que siendo muy niña dedicaba los ratos libres entre las labores de la casa a leer los dos únicos libros que tenía a su alcance: el diccionario y El Quijote.

Aquí comienza el proceso de autoaprendizaje que justifica la definición de persona autodidacta. En el sentido literal de la expresión Ana "sabe más de lo que le han enseñado" porque como tantos otros de su generación apenas tuvo oportunidad de que le enseñaran. Durante la Guerra Civil la escuela estuvo cerrada y en la posguerra muchos, Ana entre ellos, tuvieron que abandonar las clases siendo todavía muy pequeños para ayudar a la familia en la lucha por la subsistencia.

Pero en los pocos años que pudo asistir ya despuntó en la escuela. La maestra, doña Antonia, consciente de que Ana tenía facilidad para los estudios, recriminaba a sus padres cuando la veía de pastora. Muy a su pesar sus padres no pudieron ofrecer una alternativa mejor ni a ella ni a sus 5 hermanos y hermanas. Eran malos tiempos y pocas personas de clase humilde y especialmente pocas mujeres tuvieron acceso a estudios.

En los años 50, tras casarse con Isidro, se unieron a las oleadas de emigrantes rurales a las grandes ciudades que describe en su poema *La emigración*. Se instalaron en Vallecas, un barrio de Madrid, en condiciones muy precarias.

En 1961 nace su primer hijo, Isidro, con una grave discapacidad psíquica debida a una falta de atención médica que describe en *Mis hijos*. A partir de ahí se inicia una dolorosa batalla por logar su recuperación con escasos resultados. Nueve años más tarde nace su hija, Mª Carmen, servidora de ustedes.

Pero todas estas vicisitudes y algunas otras no pudieron acallar su curiosidad, su necesidad de aprender y comunicar. En la cocina de su casa humilde siempre hubo papeles emborronados con "cosas que se me ocurrían" entre las labores de la casa.

Todos estos escritos, poemas en su mayoría, creados sin un interlocutor específico, permanecieron amontonados durante años y sólo los más allegados tenían acceso a ellos. Los que conocemos a Ana sabemos de su exagerada modestia. Tras vencer su inicial escepticismo me enorgullece haber tenido la oportunidad de editar este libro. Estimado/a lector/a, quienquiera que sea y dondequiera que esté, mi madre y yo le agradecemos que lo esté leyendo.

*Carmen Pérez Romero*
cperezromero@msn.com

## Descripción del libro

Los poemas de este libro fueron escritos durante un largo periodo, aproximadamente entre 1975 y 1990 con excepción de *A mi nieto Henry* (2007)

Se trata de una poesía diáfana, ajena a las figuras retóricas, que emplea un lenguaje sobrio y cercano. La elección de vocabulario se basa en el sentido y no en la sonoridad o la belleza formal, alejadas de los sentimientos concretos que quiere plasmar. Evitaré calificar a Ana con el cliché "diamante en bruto" pues no la define. Estos poemas no proceden de un intelecto sin pulido sino que éste no ha tenido lugar por los cauces establecidos por la educación académica, lo que supone un mérito y un esfuerzo mucho mayor. Ana da prueba de un dominio del lenguaje que sorprende en alguien que oficialmente no ha completado la escuela primaria. No en vano durante muchos años ha leído todo lo que ha tenido a su alcance sin olvidar nunca su amigo de la infancia: el diccionario.

La vida de la autora, como la de otras muchas mujeres de su generación, ha estado supeditada al el servicio a la familia y en especial a sus miembros más débiles en detrimento de la realización personal. Pero incluso en tal situación Ana no se deja avasallar por las circunstancias adversas y, lejos de transformarse en una persona amargada o pusilánime, saca fuerzas sabe Dios de dónde

7

para luchar. En su pequeña parcela y con limitadísimos medios (bolígrafo y cuartillas) se rebela contra la impotencia y el hastío sin descuidar nunca su duro quehacer diario.

En sus poemas se aprecia la solidaridad con los más débiles (ancianos, discapacitados…) o con los que la sociedad menosprecia (viudas, amas de casa…). Ana no se resigna ante el sufrimiento y nos hace un llamamiento a ser más considerados, más generosos, más tolerantes, en definitiva, a ser mejores. Como ella lo es.

Un tema recurrente en el libro es su círculo familiar. Varios poemas son tributo a familiares fallecidos. En ellos rescata retazos de memoria para crear un retrato de pinceladas expresivas. Estos poemas, aunque basados en personas reales de su familia, van siempre más allá de lo anecdótico. No es necesario conocer personalmente a sus personajes para abstraer sus rasgos, reconocerlos y sentirlos cercanos.

La fe es un rasgo relevante en numerosos poemas. Una fe sincera y firme que a menudo sirve de apoyo en momentos de flaqueza pero que no tiene todas las respuestas. Ana con frecuencia sufre cuando choca con el muro de los límites del conocimiento humano como recoge en uno de sus poemas introspectivos, *Limitación*:

"y convives noche y día
con preguntas sin respuesta
con mil cosas que no entiendes,
con tu cuerpo y con tu guerra"

En los años setenta Ana se detiene a reflexionar sobre la actualidad cambiante que la rodea: la Transición. Durante este periodo aparecen términos novedosos que refleja en sus poemas: *Las elecciones, La democracia*. Su mirada, entre ilusionada y socarrona, es testigo de su generación, los que fueron niños durante la Guerra

Civil y la posguerra, sufridos artífices siempre infravalorados de la transformación de la sociedad española.

Podríamos plantearnos si Ana recurre a la poesía como evasión. Aparentemente la repuesta sería negativa: sus versos no aspiran a recrear realidades lejanas o artificiales. Por el contrario con frecuencia sus poemas aunque salpicados de ironía hurgan en muchas heridas, todas ellas reales y cercanas a la autora. Ana no silencia los sinsabores de la realidad sino que los describe sin ambages y, apréciese el mérito, sin resentimiento.

Pero aunque esta poesía no enmascara las contrariedades sí las analiza, las ve desde prismas nuevos, sugiere posibles remedios, intenta dejar constancia, en definitiva, reflexiona. Y, en este proceso involuntario, surge no una evasión pero sí una distancia que ayuda a mantener la cordura.

## VANIDAD

Me gusta escribir poemas
pero soy tan limitada
que lo intento una y mil veces
y no se me ocurre nada
y prosigo día tras día
abrigando la esperanza
de que me ayuden las musas
y entrando por mi ventana
me presten su inspiración
y así sosegar mi alma
por este mi orgullo estúpido
tanto tiempo castigada
por creer que puedo ser
además de ama de casa
alguien que puede dejar
de sus vivencias constancia.

## MIS GAFAS

Me he comprado unas gafas
la mar de bonitas,
un poco ovaladas,
dorada patilla.
Cuando me las pongo
me siento muy bien,
no por el aspecto
que pueda tener
sino porque puedo
coser y leer
y ver esa muela
picada que tengo
y puedo hacer punto
sin partirlo en dos
al tratar de hacerlo.

En fin que mi campo
de acción ha aumentado
y mira por dónde
yo que soy de pueblo
que por mi ignorancia
hablo de la ciencia

sin ningún respeto
unida a unas gafas
por siempre me veo
y hasta tal extremo
que siempre fui yo
y mis circunstancias
y ahora soy todo eso
y además mis gafas.

## La generación de la posguerra

Pertenezco a la generación
llamada "del bocadillo".
Transcurre nuestra existencia
entre la obediencia a los padres
y la sumisión a los hijos.

Nunca se nos permitieron
ni derechos, ni caprichos
pues el yo era un privilegio
que nosotros no tuvimos.

## UNA MADRE PREOCUPADA

Supongo que a todo el mundo
le asusta llegar a viejo,
achaques, limitaciones,
gran dosis de soledad
y recuerdos añorados
es acaso el patrimonio
que la vida te ha dejado
y mil surcos en la cara
que denotan el pasado
que son como tierra ajada
cuando por falta de lluvia
muestran su suelo quebrado.

Sólo te queda experiencia,
que no sirve para nada,
cada cual tiene la suya,
la del viejo es desfasada
y nadie la necesita,
las cosas están cambiadas.

Pero a mí me asusta más
eso de llegar a viejo.
Es antesala de muerte
y eso es a lo que yo temo.
Tengo un hijo subnormal
y de ahí mi desconsuelo,
no puedo morir tranquila
sabiendo que aquí lo dejo,
un mundo materialista
donde se queda aparcado
el que no da la medida,
donde te tocan el claxon
si no aceleras tan pronto
como se cambia el semáforo,
un mundo de gente audaz
y lleno de competencia
donde para nada sirve
el que no crea riqueza.

Es obvio que el desvalido
no aumentará las empresas,
sólo puede dar amor
y eso a nadie le interesa,
es una carga pesada
y poca la recompensa
y dar a fondo perdido
a casi nadie interesa.

Sólo los que los queremos
los lavamos, los peinamos
con mucho amor y paciencia,
les reímos sus aciertos,
sufrimos sus deficiencias,

por eso dejarlo solo
me produce gran tristeza.

Pido a Dios con humildad
pero también con firmeza
que alguien se ocupe de él
el día que yo me muera,
que si no le dan amor
al menos le den cariño,
si no comida caliente
al menos un bocadillo,
que no le falte una manta
para librarse del frío.

Y yo desde donde esté
bendeciré cada día
ese enorme sacrificio
que supone convivir
con un ser disminuido.

## El tren del tiempo

Qué tristeza es comprobar
cómo corre el tren del tiempo
sin darnos siquiera opción
para agitar el pañuelo
pues ya el último vagón
nos va conduciendo lejos.

La gente de la estación
nunca sabrá que pasamos
aquel día en el expreso.

## ASTURIAS

Año ochenta y uno
fui de vacaciones
a un pueblo de Asturias.
Pasé por las minas
y pensé en los hombres
que día tras día
trabajan en ellas
y gastan sus años
y pierden sus vidas.
Me puso muy triste
esta perspectiva.

Después llegué al mar
y qué maravilla,
qué mar tan azul
con hierba en la orilla.
Yo me enamoré
de aquellas montañas
y de aquellas gentes
buenas y sencillas.
Son inteligentes
y nada egoístas.

Me gustan sus jóvenes
de sanas mejillas
que con mucha gracia
escancian la sidra
y siempre están lúcidos.
Son como su mar
una maravilla.

Y fui a Covadonga
y recé a la Virgen,
aquello era un sueño
y subí a sus lagos
aunque tuve miedo
al ver santiguarse
en el autocar
todos los viajeros.
Es que está tan alto
carretera estrecha
y tanto barranco.
La virgen nos protegió
y llegamos sanos.
Allí celebraban
la fiesta del pastor
y lo que allí vi
también me conmovió
pues se fundía
en un gran abrazo
progreso y campo.
Había muchos coches
había muchas vacas,
vacas especiales
de nada se asustaban,
te quitaban el pan
si te descuidabas.

El dueño del coche
y el de la vaca
con sus preciosos trajes
cantaban y bailaban.

Luego al regresar
se veían los pueblos
todos muy bonitos.
Pero cuando estaba
más entusiasmada
veía a lo lejos
cruces y más cruces
y eso me turbaba.
Era un cementerio,
qué pena me daba.
También allí mueren
y sufren sus gentes
al perder sus seres.

Esto fue lo malo
que yo vi en Asturias.
Aunque para mí
es aquella tierra
una maravilla
a tanta belleza
le puse comillas.

## El teléfono

Yo le canto a mi teléfono:
"Ni contigo ni sin ti
mi mal no tiene remedio,
contigo porque me matas
y sin ti porque me muero".

Si esperas una llamada
y ves que no se produce
si no te causa temor
al menos incertidumbre.
Y si suena te preguntas:
"¿será para malo o bueno?,
¿con qué intenciones me llama?"
piensas: "¿lo cojo o lo dejo?"
Y lo levanto y pregunto:
"¿diga?", como es de rigor,
y de lo que me contesten
dependerá el sentimiento
que yo tenga posterior.

Es un cúmulo de cosas
tan complejas y dispares
las que siento en mi interior
ante tal aparatito.
Si lo quiero o lo aborrezco
yo no sabría decirlo,
de lo que si estoy segura,
por más vueltas que le dé,
es de que lo necesito.

## Los maestros

El maestro o la maestra
que con la noble tarea
de educar a nuestros hijos
llega al colegio a las nueve
y se dispone a enseñar
a treinta o cuarenta alumnos
ninguno de ellos igual.

Uno es triste, otro es alegre,
este es feliz, aquel no,
está el tímido y el líder,
el camorrista, el chistoso,
está el niño inteligente
y el otro que no lo es tanto
y también está el sensible,
ese al que una observación
puede producirle llanto.

Y de esta gran mezcolanza
tan confusa y complicada
el profesor se propone
hacer una hermosa talla

como lo hace el escultor
modelando con paciencia
hasta encontrar al final
esa forma deseada.

El maestro o la maestra
además de la enseñanza
que en cada curso se exige
para pasar al siguiente
ha de ser informador
de las cosas más dispares
y tratar de complacer
esa gran curiosidad
que todos los niños tienen
que les hace preguntar
el porqué de aquello o lo otro,
por qué lo de más allá,
como si fuese una sed
que no se puede saciar.

Son preguntas delicadas
que los padres eludimos
y no por comodidad
sino por un cierto miedo
a no saberlo enfocar.
Por tal razón la enseñanza
es labor agotadora
y a veces poco lucida
pues además de lo expuesto
ya bastante complicado
también está la familia,
con su carga de vivencias,
con sus ideas concretas
sobre todas las materias,

con problemas, inquietudes,
quizá por enfermedad,
o por falta de trabajo,
o porque el padre y la madre
no se entienden demasiado.

Esto los niños lo acusan
y afecta a su rendimiento
porque él está preocupado,
porque apenas se concentra
y es otra preocupación
que añadir a las ya expuestas
y que toca resolver
al maestro o la maestra.

Yo pediría a los padres
que si al terminar le curso
esas deseadas notas
no fuesen de nuestro agrado
pensemos en todo esto,
en lugar de pronunciar
esa consabida frase:
"No le cae bien al maestro"

Y si un día se equivocan
no debemos ofendernos
porque también son personas
y en mayor o menor grado
tienen sus limitaciones
como cualquier ser humano.

Respetemos al maestro
sin cometer el error
de creer que forma parte

de este inmueble cultural
al cual llamamos colegio
donde hay aulas y pupitres,
biblioteca, gimnasio,
hay sala de proyecciones,
almacén de materiales,
un patio para el recreo
y también unos señores
a quienes se llama maestros.

Pensemos que son personas
que tienen una familia
que también tienen sus penas,
sus fracasos, sus disgustos,
que pueden ponerse enfermos
lo mismo que nuestros hijos.

Por último no olvidemos
que la labor del maestro
por propia naturaleza
es hermosa pero ingrata
pues el alumno va y viene
como la abeja a la flor
para llevarse su néctar
y después dejarla sola
marchándose a su colmena
sin pensar si quedó triste
o le asusta la tormenta.

Veamos en el maestro
a nuestro mejor amigo
pues ¿qué otra cosa ha de ser
quien educa a nuestros hijos?

# El cementerio

Cuando voy a un cementerio,
esa ciudad de los muertos,
con sus cuarteles, sus calles
y su sepulcral silencio
no tengo miedo, ni frío,
ni prisa, ni nada tengo.

Igual que a sus moradores
a mí se me para el tiempo
y sólo queda en mi mente
un deseo insatisfecho:
que calle mi corazón,
que no profane el silencio.

## Tristeza permanente

El verano me entristece,
el otoño no me alegra,
el invierno me deprime,
me asusta la primavera.
Si se tienen sentimientos
no hay estación placentera.
Siempre habrá algo que te turbe
si te pones a pensar,
un porqué para estar triste,
algo para lamentar,
siempre habrá con hambre un niño,
un obrero sin trabajo,
un enfermo desahuciado,
o un anciano sin cariño.

## MI CASA

Vivo en una gran ciudad
en una casa pequeña.
Al principio de ocuparla
acariciaba la idea
de poder marchar de ella.
Era una casa sin vida
pues era una casa nueva,
con paredes sin memoria,
ni pasado, ni presente,
sin recuerdos, sin historia.

Pero los años han hecho
que se volviera importante,
en ella crié a mis hijos,
en ella murió mi madre.
Ahora ya tiene de todo
como las casas normales,
tiene llanto y tiene risas
y mil cosas entrañables.

Ahora no la cambiaría
ni por nada ni por nadie,
me siento tan bien en ella
que hasta me parece grande.

30

## RECUERDO A JUAN

Juan, querido Juan,
estamos tristes, muy tristes
pues acabas de dejarnos
víctima de esa enfermedad,
que no tiene corazón,
que no tiene dignidad.
Hace sufrir a los hombres
y se goza en su dolor
sin importarle la pena
que causa a su alrededor.
Y a la que todos tememos
pues no sabemos su origen
pero sabemos su meta
y todos tenemos miedo
a que un día nos sorprenda.

Estamos tristes, muy tristes
porque acabas de dejarnos
como lo hiciera Martín,
como lo hicieron tus padres,
también mi padre y mi hermano
y tantos y tantos otros
queridos y recordados.

Lo único que nos queda
son fechas de aniversario
llenando de días tristes
las hojas del calendario,
el documento común
a todos los que han marchado
y que con pena y dolor
con frecuencia consultamos
pues nos falla la memoria
para recordar a tantos.

Eras hombre generoso
y también un hombre bueno,
dos virtudes poco dadas
en los hombres de este tiempo.
Y tus bromas y tu humor
y, ¿por qué no?, tu mal genio
eran ya una institución
en la familia Romero.

Y puedes estar seguro
que ni a ti, ni a los demás
jamás os olvidaremos
ni olvidarán nuestros hijos
mientras nosotros estemos
pues en esas sobremesas
de largos días de invierno
nos invadirá la pena,
nos embargará el recuerdo
y ellos lo percibirán
como se percibe el eco.

Te has llevado tu eslabón
y has quebrado la cadena
de esta familia angustiada
cada día más pequeña
y cada día más débil
pues la unión hace la fuerza.
En un momento difícil
de caos y desconcierto
cuando escasea el amor
y los valores humanos,
cuando todos nos sentimos
un tanto desamparados
nos has dejado tu remo
y has abandonado el barco
en medio de la tormenta
en este gigante océano
al que llamamos sociedad
obligándonos con ello
con más esfuerzo a remar.

Pero tú no te preocupes,
no vamos a naufragar,
vamos a seguir remando
mientras tengamos aliento,
lo mismo que hiciste tú
hasta que alguien nos anuncie:
"Ya pueden desembarcar,
aquí final de trayecto".

## A MI MADRE, CON AMOR

Ya la pobre de mi madre
ha separado su alma
de su pobre y viejo cuerpo,
aunque de existir dejó
hace ya bastante tiempo
pues con su enfermo intestino,
coja, manca, también ciega,
era ya sólo un hilito
de vida apenas palpable
su pobre y triste existencia.
Quizás por eso su muerte
ha sido rápida y buena.

Hoy es la primera noche
que yo me encuentro sin ella.
Me he acostado en su cama,
en la misma en que murió
y ha sido reconfortante
el percibir su calor
que de forma casi intacta
aún conservaba el colchón.

Supongo que era egoísmo
el intentar retenerla
pues su ciclo terminó,
ya la pedía la tierra.
Pero a pesar de todo esto
ella ha dejado en mi alma
una enorme soledad
y una terrible tristeza
pues era el tronco del árbol
que a mí me dio la existencia
y yo como rama suya
aquí he quedado en la tierra
con un cansancio infinito
y también con muchas penas.

Y ahora como es natural
empezarán los recuerdos.
Primero son los lejanos,
recuerdos de nuestro pueblo
en donde murió mi padre
y también tíos y abuelos
y tuvimos privaciones,
y penas, y sufrimientos,
mas también fuimos felices,
es justo reconocerlo.
Estábamos todos juntos
y era sin ninguna duda
un motivo de contento.

Y llegó la emigración
hacia una enorme ciudad
con poca preparación
y sin saber de qué va.

Donde el tiempo inexorable
va cobrando sus tributos.
Primero se fue mi hermano
de una manera brutal
y después fue tu ceguera
y mi hijo subnormal.
Más tarde marchó Martín,
años después lo hizo Juan.
Ahora nos dejaste tú
llevándote tu alegría,
también tu vitalidad
y aquella coquetería
que te obligaba a decir:
"Por favor, dadme las pinzas
que me quiero depilar
porque va a venir el médico
y tengo muy mala pinta".

Tú has sido nuestro motor
que animabas nuestras vidas
ya que por naturaleza
somos una gente triste
que carece de alegría
dada mucho a la nostalgia
y a la melancolía.
No puedes ni imaginar
cuánta falta nos hacías.

También quiero señalar
cómo eras de generosa,
todas tus limitaciones
te parecían pequeñas,
sólo lo de los demás
era para ti tragedia.

Esperamos que en el cielo
continuarás tu labor,
esa misma que aquí hiciste
ya que los que se marcharon
tanto como nosotros
quizás te necesiten.
Y cuando llegues allí
si acaso faltara alguno
porque quizá sus pecados
aún no le hayan perdonado
has de pedir tú por él
y sin dejar de insistir
para que vaya a tu lado
y allí se sienta feliz.

Y respecto a nosotros
desconozco cuantas páginas
nos quedarán por llenar.
Tampoco puedo saber
el texto cómo será.
Seguro que habrá de todo
como hasta hoy nos ha ocurrido.
Supongo que habrá tachones,
también renglones torcidos
y páginas impecables
con buena caligrafía.
Que de estas hubiera muchas
yo sé que te gustaría.

Pero no nos juzgues mal
si hay menos que tu querrías,
en todo caso será
no falta de voluntad

sino la fuerza mayor
impuesta por esa pauta
que a todos marca la vida
imposible de eludir
ni tampoco transferir
ni siquiera un solo día.

Yo ahora como despedida
quiero pedirte perdón
por lo que te haya ofendido
pues el corazón humano
resulta a veces mezquino.
También que no nos olvides
y nos eches una mano
en nuestra vida diaria
si notas que vacilamos,
las fuerzas están mermadas
y el mundo muy complicado.

Hasta que Dios lo disponga
estaremos separados,
unidos en el recuerdo
y extendidos nuestros brazos.

Ya no puedo escribir más,
la tristeza me ha embargado
aunque sea temporal
¡es tan triste separarnos!

## El ser humano

¡Qué complicados, Dios mío,
somos los seres humanos!
Nos pasamos media vida
comparando y comparando
al padre con el marido,
a la madre con la esposa,
al hermano y al amigo,
a vecinos, familiares
y así hasta el infinito.

Esto no sería malo
si en nuestra valoración
el que tenemos más cerca
nos pareciera mejor.
Pero ocurre lo contrario,
al que damos más valor
es al que está más lejano.

Y así empieza el descontento
y con frecuencia decimos:
"¡Qué mala suerte he tenido!
He fracasado en la vida

con familiares y amigos".
Sin comprender que esos otros
que crees tienen más suerte
tienen los mismos problemas
viendo en los que les rodean
sólo miseria y defectos
y a su vez también valoran
aquellos que tienen lejos.

¿Por qué pasamos la vida
buscando la perfección
si esta nadie la posee?
Si todos somos igual
los pobres, los menos pobres,
el culto, el analfabeto
pues todos sin excepción
tenemos grandes defectos.

El que parece mejor
es aquel que está más lejos
porque esa misma distancia
nos impide conocerlo.
Todo de vista es bueno,
dice el refrán popular
pues a nadie de visita
Se le ocurrirá eructar,
ni enseñarnos los juanetes,
o el mal genio, o blasfemar.

Pero no nos engañemos,
en la intimidad es igual
que cualquiera de nosotros
y si le pudiera ver

algún familiar o amigo
exclamaría asombrado:
"¡Este está desconocido!".

Pues vamos a resignarnos
con nuestra limitación
y a no amargarnos la vida
envidiando a los demás
pensando que aquellos tienen
lo que a nosotros nos falta.
¿Qué pueden tener aquellos,
siendo de la misma raza?

## MI MARIDO

Existe un hombre en mi vida
a quien yo quiero y respeto
aunque quizá con la forma
él puede no estar de acuerdo
pues mi escala de valores
no se ajusta a sus deseos.
Nos gustan cosas distintas,
son distintos nuestros sueños,
cada uno anda su camino
pero al final convergemos
y el milagro se produce
porque hay un mutuo respeto
después de la reflexión
de que no hay seres perfectos.

Yo respeto sus ideas,
él acepta como pienso
y cada uno con sus dudas,
con sus errores y aciertos
vamos pasando la vida
y venciendo sus mil miedos
ayudando a nuestros hijos
y juntos envejeciendo.

## LOS VIEJOS

Hoy no decimos los viejos
porque no es respetuoso,
tampoco se dice anciano
también esto suena mal
decimos nuestros mayores,
decimos tercera edad.
Con tanta palabra nueva
¿qué intentamos demostrar?
¿que somos mejor que antes?
cuando se decía viejo,
cuando se decía anciano,
cuando se tenía en casa
se llevaba de la mano
a visitar la vecino
o a la casa del hermano.
Porque él solo no podía,
la vista ya no era buena
o le fallaba la mente,
o le fallaban las piernas.

Cuando nadie se acostaba
sin darle las buenas noches,

cuando nadie le decía
con voz de absoluto mando:
"¡Cállese!, que usted no sabe
de lo que estamos hablando",
cuando en las casas había
por muy pobres que estas fuesen
un rincón siempre guardado
con su asiento y su cojín
al ladito de la lumbre
donde hacía más calor,
donde no había corriente,
donde se estaba mejor
dispuesto para esos viejos
a quienes todos respetábamos
los que por sus experiencias
nos eran tan necesarios.

Cuando se les consultaba,
se les pedía consejo,
cuidaban de los bebés,
contaban hermosos cuentos,
también contaban historias
que ellos habían vivido,
casi siempre imaginarias
pero eso daba lo mismo
porque ciertas o no ciertas
cumplían su cometido,
ellos vibraban con ellas,
entusiasmaban a los niños
y todos eran felices,
abuelos, padres e hijos.

Ellos morían de viejos
pero jamás se enteraron
porque siempre fueron útiles,
no estuvieron marginados
Muchos no dejaban bienes
tampoco acaso cultura
de la aprendida en los libros
pero sí la otra cultura
la que enseñaba la vida
y que podía aplicarse
en cada hora del día.

Ahora decimos mayores,
decimos tercera edad
y se dice residencia
tampoco se dice asilo
y allí son llevados muchos
porque no se tiene sitio
para ponerle una cama
en algún rincón vacío,
porque todos los espacios
los necesitan los padres,
los necesitan los hijos,
tienen que hacer los deberes,
tienen que venir amigos,
y necesitan un sitio
para tener bicicleta,
para tener tocadiscos,
para poder divertirse
y el abuelo es un fastidio.

Y si se tienen en casa
porque no diga el vecino
la cosa no cambia mucho
porque ya no se respetan,
no se les tiene cariño,
no se les deja opinar,
a veces no se les deja
que se acerquen a los niños
porque los educan mal,
porque dicen tonterías,
porque no saben hablar
y por muchos más porqués
que no voy a enumerar.

Ahora decimos mayores,
decimos tercera edad
con esas nuevas palabras
tratamos de enmascarar
nuestra falta de cariño,
nuestra falta de bondad
y también nuestra ignorancia
al no saber valorar
tantas cosas importantes
que nos podrían legar
y que morirán con ellos
pues estamos convencidos
de que en plena era espacial
nuestras personas mayores
¿qué nos pueden enseñar?

Esperemos que algún día
nos volvamos más humanos
y volvamos a llevar
a los viejos de la mano
a visitar al vecino
o a la casa del hermano.

## AL NIÑO JUAN PÉREZ HERAS

Juan, pequeño Juan,
he sabido esta mañana
que el abuelo está muy malo,
que le tienen que operar,
que en breve puede dejarnos
y el primero que ha llegado
con insistencia a mi mente
has sido tú, el más pequeño,
quizá porque creo injusto
que con edad tan temprana
veas tan cerca la muerte
y me da pena que empieces
la grabación de tu vida
en esa tu cinta virgen
con esta triste noticia.

Pues se que recordarás
aunque sea vagamente
cuando lloraba mamá,
cuando papá estaba triste
y la abuela no dormía
y venía mucha gente

y tú mirabas a todos
con tu carita inocente
y al hacerte una caricia
sólo salía una mueca
en lugar de una sonrisa.

Yo sé que recordarás,
pues encontrarás distinto,
el vestido de mamá
y como no va a gustarte
sé que lo recordarás.
Y no cantará al bañarte,
ni te echará agua en los ojos
para ver una vez más
aquellos gestos graciosos.
Te hará todo, pero triste,
en silencio, casi ausente
y esa risa que en ti empieza
se verá un poco truncada
incluso acaso la olvides
pues no van a estimularla.

Y llorarás, llorarás
más que ahora llorarás
porque el ambiente es extraño
y te sentirás incómodo.
¿Será aquélla sensación
que sentías al nacer
con la angustia del momento
y sin saber qué hay después?

Pues en tu mente inmadura
tú no puedes comprender
si esto será pasajero
o puede permanecer.

Juan, pequeño Juan,
te toca la peor parte
en este injusto reparto,
pues tú no puedes saber
que los adultos seguimos
aunque sea mutilados
pues una mutilación
es que parta un ser querido
y casi una invalidez
si son muchos los perdidos
pero seguimos, seguimos
y comemos, y dormimos
y, no lo vas a creer,
pero incluso nos reímos.

Pero tú esto no lo sabes
y como la incertidumbre
es el peor de los males
por eso sigo pensando
que llevas la peor parte.

## Limitación

Quisiera tener talento
para decir lo que pienso,
para expresar lo que siento
y que quedara plasmado
como la pintura en lienzo.
Si supiera explicaría
qué complicada es la vida,
qué difícil la existencia
casi siempre caminando
con alguna guerra a cuestas,
vences una y llega otra
que es peor que la primera.

Y también explicaría,
por supuesto si supiera,
qué dolor se experimenta
por ejemplo ante la muerte,
cuando preguntas por qué
y nadie te da respuesta.

Y un buen día te resignas
comprendiendo tu impotencia
y convives noche y día
con preguntas sin respuesta
con mil cosas que no entiendes,
con tu cuerpo y con tu guerra.

## LA AMISTAD

¿A quién no gusta tener
un amigo de verdad?
Cariñoso, generoso,
que no nos mienta jamás,
que comparta con nosotros
lo bueno, lo regular,
que sea muy comprensivo,
que no huya en la adversidad...

Pero es difícil tener
un amigo de verdad
porque al amigo le exiges
pero, ¿estás dispuesto a dar
en esa misma medida
que pides a los demás?
La amistad, como el amor
debe ser cosa de dos
pues a nadie le hace gracia,
eso lo sabe hasta un niño,
que sin ningún parentesco
alguien te convierta en primo.

Si quieres tener amigos
siempre debes recordar
que derechos y deberes
siempre debes respetar.

Y si así no lo entendemos
es fácil que fracasemos
y difícil que encontremos
un amigo de verdad.

## LOS MALOS Y LOS BUENOS

Bueno y malo es relativo,
eso todos los sabemos
lo que para unos es malo
para otros puede ser bueno.

Más según la sociedad
hay hombres malos y buenos.
La aceptación o repulsa
radica en este concepto:
le despreciamos si es malo,
le respetamos si es bueno,
como si fuese tan fácil
el poder diagnosticar
en algo tan complicado
como es el bien y el mal.

El título de hombre bueno
es fácil de conseguir,
basta con ser un mediocre
sin hacer bueno ni malo
como si fuese un arbusto
limitarse a vegetar

y ya tiene en el bolsillo
el título en propiedad
que acredita a un hombre bueno,
orgullo de su familia
y ciudadano a imitar.

El hombre bueno ante todo
se considera neutral
en todo lo que acontece
bueno, malo o regular.
Él en nada participa
si no es algo personal
y de esta forma tan simple
se gana nuestro respeto
y el título tan preciado,
el título de hombre bueno.

El título de hombre malo
ya resulta más difícil.
No se puede ser pasivo
como en el caso anterior.
hay que luchar, arriesgarse,
participar, exponerse,
hay que salir de la ley,
ponerse en contra de muchos
y con un poco de suerte
al fin le darán el título.

Aquí no acaban sus penas
pues después de conseguirlo
sólo las puertas cerradas
de sus vecinos y amigos
serán la compensación
a todos sus sacrificios.

El no respetar la ley
naturalmente no es bueno
pero, ¿acaso es positivo
hacernos siempre los suecos
y que pase lo que pase
en nada participemos?
y ¿no es un contrasentido
y no resulta de necios
que encima nuestra indolencia
nos la paguen con un premio?

## Recuerdo a mi padre

¡Cómo te recuerdo, padre
a pesar del mucho tiempo
que de este mucho marchaste!
Recuerdo aquella tristeza
que te caracterizaba,
como mirabas la lumbre
con una mano en la cara,
el pensamiento lejano
y haciendo con las tenazas
círculos en las cenizas
que muy fijo contemplabas.

Casi siempre hacías círculos,
rara vez hacías rayas.
Yo a veces me preguntaba:
"¿qué sentido tiene el círculo?
¿quizás su vida encerrada
en este pequeño pueblo
donde no encuentra salida
para sus conocimientos?
¿o acaso sea el pasado
el que no puede olvidar

y de una forma inconsciente
lo trata de reflejar?"
Nunca sabré porque hacías
círculos en vez de rayas
con una mano en la cara
y la otra en las tenazas.

Y recuerdo con cariño
y con agradecimiento
cuando en la primavera
salías a ver los trigos
que en un invierno lluvioso
casi se habían perdido
y esto nos ponía tristes
pues era nuestro vivir.
Tú volvías y decías:
"Pues no está el campo tan malo
creí que estaba peor".
Secabas las malas hierbas,
multiplicabas el trigo
y de que era un buen año
nos dejabas convencidos.

Esto lo recuerdo mucho
porque hay momentos difíciles
en los cuales me derrumbo
como una torre de naipes
y una palabra optimista
aunque esta fuese mentira
me haría no vacilar
y ver más bella la vida.

Recuerdo tu sencillez,
que en la gente confiabas

y que a veces esas gentes
en los tratos te engañaban.
Esto lo recuerdo mucho
porque a mí también me engañan
y tampoco a mí me importa,
igual que a ti te pasaba.
Creo que son pequeñeces
que no conducen a nada.

También me acuerdo con pena
de tus dolores de estómago,
tus hemorragias internas
que te dejaban tan débil
que hasta la razón perdías
y de cuánto te costaba
recuperarte otra vez
y al fin volver a la vida.

Recuerdo que eras apático,
que nada te interesaba
y que yo hasta me enfadaba
por tu falta de interés,
las razones que tenías
no alcanzaba a comprender
Te pido perdón por ello
pues ahora ya las comprendo,
habías luchado mucho
intentado mejorar
y jamás lo conseguiste
y ya te habías cansado
y todo te daba igual
y yo con mis pocos años
y mi falta de experiencia

quería darte lecciones
¡qué ingenua!
¡Cuántos errores, Dios mío,
comete uno en esta vida
sin saber que los comete
hasta que pasan los años!
y cuando nos damos cuenta
no podemos remediarlos.

Recuerdo que era feliz
cuando íbamos de pastores,
jamás yo sentía miedo,
ni de día, ni de noche.
Físicamente era débil
pero por dentro era fuerte,
tú me dabas confianza
y también seguridad,
dos cosas tan importantes
que no tengo en la ciudad.
Aquí me siento perdida
a pesar de tanta gente
y también me siento inútil
lo que antes no me ocurría.
¿Por qué los seres queridos
los tenemos que perder,
para quedar en la vida
como una flor sin su tallo,
como un barco a la deriva?

Recuerdo tu austeridad
en el comer, el vestir,
con todo te conformabas
a veces sólo tenías
pan y leche de las cabras

y la ropa de los hijos
que ya usada te dejaban.
A pesar de ser el padre
jamás exigías nada.

Siempre te recordaré
como un ser excepcional,
pues los años me han servido
para saber valorar
que además de ser buen padre
eras un hombre ejemplar.

## La mentira piadosa

¿Quién no ha dicho alguna vez
una mentira piadosa?
¿quién no dijo a ese ser feo
al menos que era agraciado?
¿quién no dijo a ese ser torpe
"eres algo despistado"?
¿quién no ha dicho a una visita
"Me acuerdo mucho de ti,
que lo diga mi fulano"?
¿quién no elogió una comida
que nos tuvo todo el día
tomando bicarbonato?

Estas mentiras piadosas
nos cuestan poco trabajo
pero no ocurre lo mismo
cuando ocultamos la muerte
a un enfermo desahuciado.
Esas sí que son difíciles
de decir y sostener.
Decirlas cuesta trabajo,
mantenerlas mucho más

pues aquí pierde vigencia
ese refrán popular
"no te doy porque no tengo"
pues estamos obligados
a dar lo que no tenemos.
Hemos de dar esperanza,
algo de lo que carecemos,
hemos de dar alegría,
justo lo que no tenemos
y en el colmo de los males
hemos de hablar de proyectos.

Y dar lo que no se tiene
en este caso concreto
equivale, Dios lo sabe,
a romper tu alma por dentro.

## Soñar despierta

A veces sueño despierta
dejando a la fantasía
que salga de su letargo
e invente cosas bonitas.

No sueño que soy muy bella,
tampoco que soy muy rica,
ni que soy una princesa,
invento cosas sencillas
pero que este momento
tienen mucho de utopía.

Imagino que cada hombre
tiene un puesto de trabajo,
que se respeta a los niños
y se quiere a los ancianos,
que no es malo nacer negro,
que es igual que nacer blanco.
Y sueño o más bien deliro
que ya no existe la injusticia
porque murió el conformismo,
que se comparte la riqueza,

que ya no hay hambre en los niños,
que ya nadie corta leña
del árbol que está caído,
que por fin todas las lágrimas
se han convertido en rocío.

Pero me pongo muy triste
cuando reflexiono y veo
que esto no es cierto hoy por hoy,
que sólo es fruto de un sueño
y como dijo el poeta:
"y los sueños, sueños son".

## A Lola

Eres una buena chica
con corazón de gigante
pero con alma de niña
porque te asusta ser grande.
No quieres salir del nido
pues temes a las rapaces,
sabes desde muy pequeña
que sus garras son mortales.

Pero a pesar de tus miedos
debes salir adelante
pues el miedo engendra miedo
y no es nada edificante,
depender de los demás
nos hace más vulnerables
y somos víctimas natas
de nuestras debilidades
como casas en derribo
sostenidas por puntales
que caerían por los suelos
si un día estos les faltasen.

Esto no es digno de ti,
tú nunca fuiste cobarde,
tú siempre fuiste rebelde
según contaban sus padres.
Ahora hay un contrasentido
entre lo que dices y haces
y encima cuando te enfadas
intentas buscar culpables
sin pensar en que el mal estriba
en que temes a la calle
pues implica incertidumbre
y no quieres arriesgarte
sin pensar que esta vida
a nadie resulta fácil.
Pero el que tiene el valor
de cargar con su equipaje
tiene también el orgullo
de sentirse responsable
con un puesto en este mundo
que no se lo debe a nadie
y yo sé por experiencia
que ser deudor no es rentable.

Así que a ti que eres joven
que tu yo no te arrebaten,
y con derecho a acertar
y también a equivocarte
coge tu mochila al  hombro
y muéstrales lo que vales.

## EL ABETO

Hay en mi calle un abeto
que es muy frondoso y muy grande.
Un día desde un tercero
cayó un bebé hacia la calle
pero él lo acogió en sus brazos
como si fuese una madre.
Se dijo que era un milagro
y un día fue bendecido
por el párroco del barrio.

Cuando cuentan en la tele
en la prensa, o en la radio
que un niño por sus mayores
ha sido muy mal tratado,
miro al abeto y le digo:
"Tú si que eres humano".

## Las vacaciones

Vacaciones, palabra mágica
pues de ellas esperamos
algo nuevo en nuestras vidas,
un amigo, un sitio exótico,
simplemente una comida,
algo que pueda librarnos
de tanta monotonía.

No importa marchar al pueblo,
a la playa, a la montaña,
en el fondo eso es igual.
Ese montón de ilusiones
tanto tiempo acumuladas
donde sea y como sea
intentamos realizarlas.

Hay que olvidar el taller,
la fábrica o la oficina,
se impone cambiar de ambiente,
recuperar energías.
Y llegan las vacaciones,
ya cerca de la partida

la primera decepción:
descuidó el alojamiento,
no puede ir donde quería.
En ese mismo momento
de ese montón de ilusiones
ya empezamos a restar
como el niño ilusionado
que en ese día de Reyes
se ve obligado a quitar
de esa carta desmedida
donde pedía a Gaspar
un coche y un tren eléctrico
y muchas cosillas más
justamente el tren eléctrico,
lo que le ilusionaba más.

Por fin se decide un sitio
y allí seguimos restando
ilusión tras ilusión
y multiplicando gastos.

Si va al pueblo hay un pariente
al que habrá que echarle una mano
en la tienda, o en el taller,
o acaso sea en el campo
con lo que verá mermado
su relax y su descanso.
Si se va hacia la montaña
surgirá quizá  el problema
de ese inoportuno insecto
que de esa forma tan fácil
fastidió al niño pequeño
u olvidará las pastillas

que algún miembro necesita,
o no encontrará alimentos.
Hay que salir sin demora
hacia aquel próximo pueblo.
al pasar, alguien le dijo:
"Este es un pueblo muy bueno
es posible que allí encuentre
para sus males remedio".

Si decide ir a la playa
también allí hay que restar
pues siempre hay esa persona
a la que molestan los niños,
o al sacudir la toalla,
a distancia y con cuidado
vuelve a su rostro la arena
porque la brisa burlona
quiere mofarse de ella
sabiendo que no es paciente,
sabiendo su intransigencia
y nos chillará seguro
produciéndonos tristeza.
Tras ese año complicado
que nos tocó resolver
que alguien nos menosprecie
no podemos comprender.

A la hora de comer
si lo haces en restaurante
también tienes que restar
comprobando tristemente
que ni la espera, ni el precio
avalan la calidad.

Y si vas al merendero
con la comida de casa
será toda una odisea
pues no encontrarás asiento,
tampoco encontrarás mesa
y cuando al fin te acomodes
con la ayuda de unos pocos
la indiferencia de muchos
y el fastidio de los más
piensas: "¿merece la pena
abandonar el hogar
si aquí tampoco me libro
de esta absurda sociedad
y en lugar de hacer mi gusto,
de no obedecer a nadie,
de chillar y de gritar
que es lo que yo necesito
para liberar las tensiones
tanto tiempo acumuladas
me veo todo correcto
dando gracias y más gracias?"

Con lo que este veraneo
tanto tiempo deseado
no nos servirá de mucho
pues volveremos cansados
y además sin esperanza
viendo nuestras vacaciones
tan hermosas en teoría
desastrosas en la práctica.

## Las golondrinas

Conozco un pueblo pequeño
donde hay muchas golondrinas.
Son la alegría de todos
volando por las esquinas.
Nadie se mete con ellas
pues dicen que son sagradas
y ellas vuelan muy contentas
totalmente confiadas.

Pero termina el verano,
la emigración se aproxima,
la gente se pone triste
¿qué será de sus amigas?
Por fin marchan en bandadas
a buscar su nuevo hogar
y a la gente de este pueblo
sólo le queda esperar
que llegue la primavera
para verlas regresar.

Pero ya no vienen todas,
fueron largas las jornadas,
fueron grandes los problemas
y allí no las respetaban.

Pero olvidemos lo triste
y volvamos a empezar,
recibámoslas contentos,
no las hagamos llorar.

## LAS ELECCIONES

Hoy es veintiocho de octubre,
se celebran elecciones
y muy feliz y contenta
he salido de mi casa
con dirección decidida
al colegio electoral
ya que como es mi deber
yo me dispongo a votar.

Cuando he salido a la calle
he mirado a las personas
diciéndoles mentalmente:
"No me miréis con desdén,
no paséis indiferentes,
¿no veis que voy a votar?,
¿no veis que puedo opinar?,
¿que con mi grano de arena
las cosas pueden cambiar?"

# A MI HIJA

Son tantos los pensamientos
que se agolpan en mi mente
que no sé cómo expresarlos
de una manera coherente
pues tratar de convertir
el sentimiento en lenguaje
es algo muy complicado
aunque nos parezca fácil.
De ahí la incomunicación
entre los seres humanos
todos sabemos pensar
pero, ¿sabemos contarlo?
Es la gran limitación
que desde siempre arrastramos.

Evitaré en lo posible
la tentación del consejo
pues creo que a equivocarnos
todos tenemos derecho.
Aunque a mi vez también pienso
que aunque del error se aprende
es mejor no cometerlo.

Pero eso es una quimera
y a nadie nos está dado
tirar la primera piedra.
Lo único que yo siento
es si aprendes demasiado
por ese procedimiento.

Recuerdo cuando eras niña
y yo al lado de tu cuna
mil simplezas te decía
y tú sonreías siempre
ajena a mis tonterías.
Quizá esta observación
tenga algo dictatorial:
sólo se oía mi voz,
tú no podías opinar.
Pero esto nunca fue óbice,
y respeté tus derechos,
sabes mi debilidad
por los seres indefensos.

Ahora ya estás muy crecida,
se distancian nuestras mentes,
se separan nuestros cuerpos,
tu mundo se masifica
y el mío se hace pequeño.
Ya te han crecido las alas
y estás ensayando el vuelo,
cada día más frecuente
y más tardío el regreso.
Un día quedará el nido
para siempre sin polluelo.

Esto son cosas normales
que las comprendo y acepto
pero me asalta la duda,
la incertidumbre y el miedo
y temo que te incorpores
a este el río de la vida
como pequeño afluente
y absorbido por sus aguas
perderás tu autonomía,
discurriendo por su cauce
y no siempre en armonía
pues su caudal poderoso
te zarandea y lastima.
Pero a pesar de mis miedos
una cosa tengo cierta:
que has de seguir adelante
por el llano o por la cuesta
pues el día en que naciste
en este gran latifundio
se te asignó tu parcela
la cual estás obligada
cada día a cultivar
pues el tiempo es implacable
como un duro capataz.

Muchas veces el esfuerzo
es mayor que la cosecha
y no siempre por error,
por pereza o negligencia
sino porque en el reparto
nos tocó la peor tierra.
Pero eso es fuerza mayor
y no hay que pensar en ella,

también el deber cumplido
tiene sus compensaciones
que no llenan los graneros
pero sí los corazones
y en mi modesta opinión
eso es lo más importante,
lo demás son a lo sumo
vanidades terrenales.

Lo único inconveniente
en el largo caminar
es no hacer camino recto,
torciendo el de los demás.

Y no te olvides de Dios,
quedarás a la deriva
como un barco sin timón
en un mar de confusiones
sin esperanza de puerto
ni divisar horizonte.
La fe para el ser humano
es punto de referencia,
más difícil orientarte
cuanto más te alejes de ella.

Sólo me queda decirte
que en mi parcela yo tengo
un roble deteriorado
y también bastante viejo
pero aún le quedan ramas
para acoger al polluelo
siempre que lo necesite
yo de corazón lo ofrezco.

## EL AMA DE CASA

Quiero escribir un poema
y no sé como empezar
pues decir que hoy es un día
lo mismo que los demás
y que hago las mismas cosas:
fregar, lavar y planchar
y atender a la familia
¿a quién le puede interesar?
por eso quiero escribir
y no sé como empezar.

¿Qué interés puede tener
lo que yo pueda contar?
¿qué interés puede tener
decir que el ama de casa
cada día hace lo mismo?
Actúa como un robot
que responde a un mecanismo:
abre la puerta al que llega,
al cartero o al vecino.
También atiende al teléfono
y la llamada imprevista

le produce nerviosismo;
friegas, coses, lavas, planchas,
barres y limpias el polvo,
cocinas, riegas las plantas;
a este coses un botón,
a aquel una cremallera,
y otro te dice de golpe:
"Ya llevo dos meses roto
el forro de la chaqueta".
Si estás contenta le dices:
 "Todo llega, ten paciencia",
si estás enfadada dices:
"Pues anda y cóselo tú,
estoy harta de monsergas".

Y también debes cuidar
de los gastos de la casa
y de los pagos mensuales:
colegios, comunidad
iguala del practicante...
Y sigues haciendo cosas
de una manera mecánica:
si uno se enferma, le cuidas;
si uno se enfada, le aguantas;
Y cuando marchan de casa
esperas con impaciencia
y cuando uno se retrasa
te angustias, sufres, esperas
y después has de callarlo
para  evitar que el que llega
se sienta coaccionado.

Quiero escribir un poema
y no sé como empezar.
¿qué interés puede tener
hablar del despertador?
Yo vivo pendiente de él,
es ya como una obsesión,
ni al colegio, ni al trabajo
nadie debe llegar tarde
y si alguna vez ocurre
a mí me hacen responsable,
a mí, justamente a mí,
que apenas salgo a la calle
que lo mío es la cocina
y el cuidado de la casa
en sus múltiples detalles.

¿Qué interés puede tener
decir que al ama de casa
a fuerza de hacer lo mismo
se le adormecen deseos,
se le empobrece el espíritu?
Ya dejó de ser aquella
soñadora de otro tiempo
dispuesta a hacer muchas cosas,
llena de grandes proyectos
que al final se transformaron
en tener limpia la casa
en tener la ropa blanca
 y adquirir ese producto
que quita mejor la grasa.

Quiero escribir un poema
y no sé como empezar.
¿Qué interés puede tener
decir que el ama de casa
se deprime con frecuencia?
Unas beben, otras comen
y todas hablamos solas
y padecemos amnesia.
La rutina te embrutece,
no te arreglas, ¿qué más da?
no te peinas ¿para qué?
¿acaso eso es necesario
para fregar y barrer?
¿para qué perder el tiempo?
Ya nada tiene interés.

¿Qué interés puede tener
decir que el ama de casa
dejó de ser decidida
para tornarse indolente?
Ya le da miedo la vida
y se encuentra a gusto en casa
sin querer que nada cambie,
quiere seguir su rutina
y no tener que salir
a la lucha de la calle
por miedo a las zancadillas
pues no quieres enfrentarte
a cosas desconocidas.

Y a fuerza de ser de todo
excepto de ser tú misma
con tu pobreza de espíritu

y tus limitadas miras
fabricas tu paraíso
metiéndote en su interior
sin un sueldo y sin oficio
pero feliz y contenta
lejos del mundanal ruido.

## GRACIA DE MÓNACO

Ha muerto Gracia de Mónaco,
a mí me dio mucha pena
pero pensándolo bien
no debe causar tristeza
pues fue una mujer con suerte
ya que Dios le dio fortuna,
inteligencia y belleza.
Fue actriz, le dieron un Oscar
y tuvo el amor de un hombre
que la convirtió en princesa,
princesa que fue aceptada
a pesar de no ser noble
por la realeza europea.
Ha muerto joven, es cierto,
mas le dio tanto la vida
que se sentirá feliz
pues verá llegar a tantos
con las alforjas vacías.

## AL DOCTOR RODRÍGUEZ DE LA FUENTE

Amigo Félix,
como te dicen los niños,
el día catorce de marzo
al levantarme temprano
de tu muerte inesperada
la noticia oí por radio.

Sentí pena por tus hijas
y también por tu mujer
por tu ausencia prolongada
pues a un viaje sin retorno
no estaban acostumbradas.
Será duro para ellas,
ya no llegarán más cartas,
ha enmudecido el teléfono
y tampoco tus amigas
que a miles surcan los cielos
pueden traerles noticias
y sólo recuerdos tristes
cuando las vean pasar
les sugerirán sus vuelos.

Tuve pena por nosotros
porque te necesitábamos,
tu labor era importante,
no sólo nos enseñabas
a amar a los animales
también nos dabas ejemplo
de profesionalidad
exponiendo hasta tu vida
por esos mundos de Dios
por el reportaje insólito,
por aquello jamás visto,
como si fueses un padre
haciendo feliz al hijo
con el juguete soñado,
con el regalo imprevisto.

También nos dabas ejemplo
con tu enorme sencillez
hablando en idioma claro,
sin palabras rebuscadas,
en un puro castellano,
sin importarte que algunos
te tacharan de ordinario.
Tú seguías impasible
pues tu gran inteligencia
no podía detenerse
en esas cosas pequeñas.

Sentí alegría por ti,
vivías como querías,
fuiste fiel a tus principios,
y tu muerte fue en batalla,
como el soldado valiente

por defender a su patria.
Puedes decir con orgullo:
"Señor, aquí está tu siervo,
he sido un hombre de bien,
vengo feliz y contento".

Sentí alegría también
por tu anciana y buena madre
pues fue muy larga la espera
pero volviste a su lado
y al fin mereció la pena.

Ella no quería fama,
sabía que esta es efímera,
ella sólo deseaba
que regresaras con ella
y allí juntos para siempre,
sin prisas, con todo el tiempo,
de los lobos tus ahijados,
de las águilas, los cuervos,
y de tantos animales
le rebelarás secretos.

Y aprenderá de memoria
esos cuadernos de campo
que encierran tantos misterios
de ese mundo irracional
que apenas nada entendemos
pero que no cabe duda
que es mucho mejor que el nuestro.

## Durante unas vacaciones

Grao de Castellón, siete de la tarde, una terraza desde donde se contempla el mar sosegado y tranquilo, con barcos de pesca, embarcaciones de recreo, barcos comerciales y los bañistas en la playa, todos confiados, pues el mar está en absoluta calma y más que agua, parece tierra firme, en donde la gente se divierte o trabaja según los casos.

La carretera pasa por debajo de la terraza, por donde circulan coches con matrículas de muchos países y muchas regiones españolas. Desde esta altura es un deporte visual poder leerlas al tiempo que corren. Es interesante, pues en cada una de ellas ves mentalmente sus monumentos, costumbres e historia, resultando ser sugestivo y cultural algo tan molesto y aburrido como es ver pasar coche tras coche cuando los miramos de forma superficial.

Frente a la terraza están las huertas, con sus verduras y hortalizas, los árboles frutales pacientes y sufridos, con sus pesadas ramas madurando las respectivas frutas, como madre en gestación carente de toda estética.

También se ven las acequias de riego con sus numerosas ranas croando incansablemente en cuanto cae la tarde, dando la impresión de una sinfonía  en donde los profesores no ensayaron lo suficiente y cada uno va por su lado, pero que a pesar de su falta de sincronismo, es grato oírlas  por separado, como a tenores orgullosos, convencidos cada uno de ellos de ser el mejor.

Por último, intercaladas entre huerto y huerto, las majestuosas palmeras  en sus privilegiadas atalayas, como guardianes silenciosos dominándolo todo, y  prontas a dar la voz de alarma si alguien ataca.

## A MI TÍA SAGRARIO

Ha muerto mi tía Sagrario,
era hermana de mi madre,
una mujer muy valiente,
una persona importante.

Cuando yo era pequeñita
recuerdo verla sufrir.
Desapareció su esposo
en nuestra Guerra Civil
y después apareció
pero yo siempre pensé
que era una premonición
pues unos años más tarde
cuando tenían tres hijos
un veintitrés de diciembre
fue a cazar con un amigo
y un desgraciado accidente
le impidió volviera vivo.

Cuando ocurrió esta desgracia
yo era ya un poco mayor
y me acuerdo de su angustia

y su desesperación.
Sus padres, ya muy mayores,
fueron a vivir con ella
por miedo a que estando sola
aumentara la tragedia,
que no quería vivir,
decía con insistencia.

La gente mayor decía:
"Quería al marido tanto,
¿cómo no volverse loca
con este triste quebranto?".

Y a la pena y a la angustia
de perder su ser querido
tuvo que unir la penuria
para criar a sus hijos,
sin pensiones, sin fortuna,
sólo trabajo y olvido.

Y en aquel pequeño pueblo
fue como un cajón de sastre,
lo mismo hacía de médico
que hacía de practicante.
Era chica para todo,
todo el mundo la mandaba
a cambio de recibir
casi siempre las migajas.

Después crecieron sus hijos
y se fueron a otras tierras
y ella como buena madre
jamás les puso una pega,

marchó con ellos sin más,
como hace una madre buena.

Que Dios la tenga en su gloria
yo pido de corazón
y que jamás esté sola
yo te suplico, Señor.

## Hobby senil

Cuando yo era joven
guardaba con mimo
las fotografías
que ponía en álbumes
y después miraba
toda complacida.
Recordaba un viaje,
o una comunión,
o quizá un paisaje.

Ahora soy mayor
y sigo apreciando
las fotografías
pero colecciono
desde hace unos años
las radiografías.

Es apasionante
ver como el organismo
se va desgastando,
como poco a poco
se va deteriorando

con mil deficiencias
que te van minando
y día tras día
te van limitando.

Pero me conformo,
no estoy disgustada
y al llegar la noche
a Dios doy las gracias.

Estoy convencida
que hay cosas peores
que estas cosas mías.
Aunque limitada,
estoy en el mundo
que es un mundo loco
y bastante absurdo
pero ante la duda
de si hay otro mejor
que me tenga en este
yo agradezco a Dios.

## Mi pajarito

Un día cualquiera
en mi terracita
miro atentamente
a mi pajarito
que canta en su jaula
y dando saltitos
se traslada alegre
de uno a otro palito.

Tiene alpiste y agua,
está calentito
y todos le miman
y está tan contento
que siento una envidia,
¡qué envidia le tengo!
de poder ser él,
cambiar mi libertad
por su cautiverio.

## La visita del Papa

Está el Papa entre nosotros,
hoy ha llegado a Barajas,
recorrerá varios sitios
de nuestra variada España.
Y me ha emocionado mucho
verle besar nuestro suelo,
imagen muy repetida
pero que hoy no era lo mismo,
no es igual besar a otros
que besen a nuestros hijos.

En ese mismo momento
me he propuesto firmemente
verle de cerca en las calles
pero momentos después
mi decepción fue muy grande,
al verle subir a un coche
y este coche ser blindado.
Como es natural y lógico
mi entusiasmo se ha enfriado.

Ahora le veo en la tele
aunque me causa dolor,
mas, si por medio hay cristales,
¿qué más me da uno que dos?

## Nuestro ciclo de vida

Cuando se murió mi madre
no sólo quedé muy triste
también quedé sorprendida
porque no me lo esperaba:
sólo mueren los enfermos
y mi madre estaba sana.
Aunque parezca mentira
ahí llegaba mi ignorancia.
Y seguí reflexionando
cuando una voz interior
me dijo: "No seas bruta,
¿no ves que era muy mayor?".
Pero yo seguí pensando
que esa no era la razón
pues mueren de veinte años
y mueren niños de dos
entonces, ¿cómo creer
que por tener noventa años
mi madre se me murió?
Se murió sencillamente
porque mi madre enfermó,
por un trastorno cardíaco

y un edema en el pulmón.
Sólo mueren los enfermos,
me reafirmé en mi posición,
la razón no es ser mayor,
la culpa no es de los años,
tiene la culpa la muerte,
que nuestro ciclo de vida
conoce perfectamente
y cuando acaba te llega
con una enorme valija
como cartero eficiente
trayendo la enfermedad
que nos ha tocado en suerte,
no importa que seas joven,
tampoco que seas fuerte,
su servicio es implacable,
nadie puede detenerle.

Y cuando a veces hablamos
de nuestra vida probable
sólo es una ingenuidad
carente de toda base
pues puedes vivir cien años
o quizás sólo unos meses.
Todos tenemos encima
esa espada de Damocles,
igual el joven que el viejo,
lo mismo el rico que el pobre.
Y me causa mucha pena
después de estas reflexiones
que existan tantas personas
que se creen superiores
cuando la verdad escueta

es que somos simplemente
en el teatro del mundo
unas pobres marionetas
que por un hilo invisible
nos movemos torpemente
pues mandan en nuestra vida
y también en nuestra suerte
y seguimos adelante
sin conocer el camino
ni tampoco en qué momento
nos van a cortar el hilo
saliendo del escenario
en donde por cortesía
nos darán un gran aplauso
y después al camerino
y en un rincón solo y frío
acaba nuestro destino

## Si llegamos a viejos

A los niños normalmente
les encanta cumplir años,
quieren crecer cuanto antes
y que dejen de molestarles
los padres y los hermanos
pues dicen que todo el tiempo
se lo pasan regañando:
"Niño, deja de gritar,
niño, que dejes el palo,
no te subas al sofá,
que no pongas ahí las manos…"
y creen que a los mayores
nada les está vedado,
pueden hacer lo que quieran
porque son sus propios amos.

Cuando crecen se dan cuenta
de que están equivocados,
que en esta vida no hay nadie
que tenga libres las manos,
que con distintas cadenas
todos estamos atados.

Para uno su problema
es encontrar un trabajo,
otros quieren ascender,
pero está el recomendado,
y dando mil tropezones
el adulto va tirando
del carro de la injusticia,
del desplante del tirano,
del miedo a la soledad
en un mundo nada humano.
y así se pasan los días
y así se pasan los años
y a medida que envejece
son más altos los peldaños
pues te salen al camino
mil achaques no soñados
y que son inoportunos
para un cuerpo ya gastado

Y llegamos a la cima
tan exhaustos y mermados
que de lo que un día fuimos
apenas si queda rastro.
Eso es lo que va a quedar
de ese niño entusiasmado
cuya máxima ilusión
era la de cumplir años.

# Riaño

Pueblecito de León
donde por un embalse
llegó la demolición.
Los vecinos decididos
se enfrentaron al dragón
y como era de esperar
el dragón los derribó
y con una escopeta
hasta mató a un cuarentón.
Los vecinos en silencio
lo llevaron a enterrar
con los dientes apretados
al ver con qué impunidad
en nombre de la justicia
se puede incluso matar.

No sólo no tienen casa,
les robaron los recuerdos
donde nacieron sus hijos,
donde murieron sus viejos.
Los niños no tienen calles,
tampoco frontón, ni escuela,

ya no están aquellos bancos
donde haciendo sus puntillas
se reunían las viejas.
Les han quitado sus muertos
porque ya no hay cementerio,
ya no pueden llevar flores
y actualizar su recuerdo.

Quedarán sin referencias,
no pueden rebobinar,
les han quitado las cintas
donde cada cual tenía
grabada toda su vida.

Digamos que a la vejez
un apellido y un nombre
les queda como equipaje.
Para volver a empezar
para muchos ya es muy tarde
y el resto lo intentará
en esa tierra de nadie.

## La catástrofe de Ortuella

Ortuella, pueblo desconocido
como tantos otros pueblos
de nuestra geografía
que saltó a la actualidad
de los cinco continentes
con la noticia macabra
de la explosión en un centro
donde cursaban estudios
mil niños de la comarca.

Donde una chispa cruel
unida a un gas insensato
que se salió de su red,
con sigilo, con cuidado,
aunándose en su maldad
como si fuesen los dos
terroristas consumados
de una forma criminal
el sótano explosionaron
matando a cincuenta niños
que murieron mutilados.

Cincuenta vidas cortadas
como si fuesen espigas
rotas por un vendaval
en tormenta de verano.
Cincuenta familias tristes
con las ilusiones rotas,
con la esperanza lejana,
con la alegría perdida
y la fe deteriorada.
Han de cancelar los planes
del futuro de los hijos
y tornar en oraciones
proyectos de sobremesa
y regaños de mañana
cuando tenían pereza.
Lo mismo que las caricias,
los besos y los abrazos,
todo ha de ser olvidado
y han de intentar resignarse
que es el deber de un cristiano.

Oraciones por los niños
y también por la maestra
que como buen capitán
sin abandonar el barco
aguantó la tempestad.
Al cielo marchó con ellos
para seguir enseñando
los ríos y las provincias,
la tabla, el abecedario,
acaso sin recordar
que ha habido un pequeño lapso.

Oraciones igualmente
por aquel humilde obrero
que con su soplete en ristre
intentó poner arreglo
mientras la chispa asesina
quizás pensó: "No es experto"
y se burló sin conciencia
y de su trabajo honrado
hizo una horrible tragedia.

Todos los españoles
hemos llorado a estos niños
al margen de estatutos,
autonomías, regiones,
todos somos solidarios
unidos en el dolor
que es lenguaje universal
nacido del corazón.

Un corazón impotente
que se pregunta angustiado
por qué el error de los hombres
siempre se paga tan caro.
Porque es obvio ¿quién lo duda?
que pudo ser evitado
pero ante esta reflexión
está el hecho consumado.

Un corazón impotente
y triste al reconocer
que a pesar de nuestro amor
no podemos proteger
a nuestros seres queridos

de las penas y peligros
que acechan en cada instante
y nos sentimos inútiles,
y nos sentimos vencidos.

## Mis hijos

Yo tengo dos hijos,
los dos son muy buenos
y yo por igual
a los dos los quiero.

Mi hijo es sano de alma
y también de cuerpo,
mas no de cerebro.
Su mente está enferma,
y bien que lo siento.
Como soy su madre,
en muchos momentos
de su deficiencia
me siento culpable
porque confié
en un ginecólogo
nada responsable.

Yo iba a su consulta
de forma periódica,
"No se preocupe usted,
que todo va bien",
siempre me decía
y yo tan ingenua
todo lo creía.

Al cumplir los nueve meses,
como el niño no venía
fui y le pregunté angustiada:
"Doctor, dígame ¿por qué?".
Entonces me contestó
en tono de hombre muy sabio:
"Señora, ¿no lo comprende?
Porque no llegó la hora".
Ante algo tan contundente
cualquiera le replicaba.

Volví a mi casa a esperar,
como él me recomendaba.
Y transcurrió otro mes más
y volví toda asustada:
"Doctor, el niño no viene,
y ya han pasado diez meses
desde mi primera falta".
Me contestó en tono altivo:
"No lleva usted bien la cuenta,
se lo puedo asegurar".
El resultado: cesárea
y mi hijo subnormal,
todo porque según él
yo no sabía contar.

Mi hija es sana de alma
y también lo es de cuerpo
y me hizo muy feliz
su esperado nacimiento
pues era una hija sana
y me alegraba por ella,
y también, claro, por mí
pues esto borraba el trauma,
que al nacer mi hijo sufrí.

Mas a medida que crece,
aparecen nuevos traumas
pues veo que me desborda,
que no se enseñarle nada.
Esto me produce angustia
y me hace perder la calma,
y me enfado y me disgusto
y me siento desgraciada,
pues si faltan los cimientos,
¿cómo sostener la casa?

Así que si al ser mayor
es un castillo en el aire
no me enfadaré con ella,
como soy algo gordita
me cogeré de su mano
para hacer de contrapeso
y así evitar que se eleve
y también que caiga al suelo.
Intentaré ser pupitre
al no poder ser maestro.

## La televisión

Ese prodigioso invento
que como si fuese un niño
inocente y desvalido
en brazos de un empleado
un día llegó al hogar,
que se conformó con poco,
que le bastó un huequecito
en cualquier rincón de casa
pero que creció enseguida
y se hizo dueño absoluto
de nuestras horas de sueño,
de ideas y sentimientos,
que no nos deja leer,
tampoco que conversemos,
que nos informa de todo
de lo malo, de lo bueno,
lo que debemos comer,
cómo gastar nuestro tiempo,
lo que debemos comprar,
la ropa, los alimentos,
la nevera, el automóvil,
la compresa del momento,

la crema para estar joven,
el detergente, el refresco.
Es, como dicen los jóvenes,
un comecocos perfecto.

Ya no cuenta la familia,
y lo único que se oye
si intenta hablar algún miembro
es decir con malos modos:
"¿Te puedes callar, so memo?"

El plano sentimental
aún resulta más funesto
pues casi todos tenemos
nuestro amor en la pantalla
que puede ser una serie,
un telefilme, un deporte,
una persona admirada,
como un actor, una actriz,
un torero, un deportista,
y nos ponemos muy tristes
si éste nos falta a la cita
mas si viene ¡qué ilusión!,
nos olvidamos de todo,
aparece nuestro yo.

Total, que el aparatito,
inocente y desvalido
que un día llegó al hogar
se convirtió en un tirano
y maneja nuestras vidas
de forma tan singular
que ni tenemos conciencia
de que somos sus esclavos.

Para estar bien informados
de lo que vamos a ver
compramos Tele Programa
o en su caso Tele Radio,
sin darnos apenas cuenta
de que desgraciadamente
somos nosotros, no él,
los que estamos programados.

## Triste balance

Hoy me he levantado
deprimida y triste
y no se qué hacer
para despejar
mi pobre cabeza
que en este momento
es como un desván
de ilusiones rotas,
esperanzas viejas
sin realizar,
pasiones dormidas,
esfuerzos frustrados,
pensamientos muertos
por ser olvidados,
algunas ideas
no realizables,
conductas ingenuas,
hechos lamentables,
y algunos aciertos
un tanto banales.

¡Qué pequeñita me siento
ante este triste balance!
y en el transcurso del día
sólo lograré engrosarlo
con esta vida monótona
y mi quehacer rutinario.

## Reflexión

Jamás se borran las huellas
del camino equivocado.
Si lo intentas solo logras
ensuciar más los zapatos.

## Nochevieja

Ya todos duermen en casa
pero yo no tengo sueño
y aquí me he quedado sola
dando rienda al pensamiento
que corre despavorido
como cometa escapada
de las manos de ese niño
que la obligaba a subir
y bajar a su capricho
y cuando se siente libre
se aleja toda veloz
y se eleva a gran altura
hacia el lejano horizonte
despreocupada olvidando
que puede faltarle el viento
y en su descenso enredarse
en las ramas de un abeto.

Lo mismo que la cometa
así está mi pensamiento
que no se detiene en nada
pues su afán de libertad

le priva de la razón
y sólo sabe correr,
correr, correr y correr.
Es un pensamiento absurdo,
no se sabe detener,
sin pensar qué es lo que quiere,
qué le gustaría hacer.

¡Qué pensamiento más necio!
pues solo sabe correr
y en esta loca carrera
yo salgo perjudicada
pues debilita mis fuerzas
al no estar acostumbrada
y nubla mi entendimiento
y termino mareada.

Y ante tanta confusión
opto por irme a la cama
a refugiarme en el sueño
abrigando la esperanza
de que este sea benévolo
y vuelva a mi pensamiento
a esta su humilde morada
y recobre la razón
y se deje de carreras
que no conducen a nada.

## MI DESPERTAR

Nací en un pueblo pequeño
de una pequeña cañada,
creí que era le horizonte
pegadito a la montaña
lo que a mí me limitaba
pues quise ser muchas cosas
y jamás he sido nada
y con frecuencia decía:
"Hubiese sido distinto
de haber nacido en montaña"
pues a mí aquel horizonte
que no dejaba ver nada
pues la tierra con el cielo
parecía estar sellada
me parecía cruel
y le creía la causa
de sentirme desdichada.

Y un día marché a otras tierras
que no estaban en cañada,
ya no estaba el horizonte
pegadito a la montaña

y allí la gente vivía,
allí la gente triunfaba,
y yo seguía lo mismo,
seguía sin hacer nada.
Entonces yo me di cuenta
que era mi incapacidad
de cuerpo, de mente y alma
lo que me hacía pequeña,
lo que a mí me limitaba
y aquel día fui feliz
pues me deje de quimeras
comprendí mi pequeñez
y me acepté tal cual era.

## MI CAMA

Mi cama, mi humilde cama,
donde descansa mi cuerpo,
donde reposa mi alma.
Allí duermo y allí pienso
cuando el sueño se me escapa
antes de la madrugada,
como viajero impaciente
por empezar la jornada.

Mi cama, mi humilde cama,
que a veces convierto en cuna
donde busco protección
cuando me creo una niña
y me niego a ser mayor.

Mi cama, mi humilde cama,
que a veces es mi refugio
cuando la vida me asusta,
cuando la vida me cansa,
y tapada con sus ropas
imagino una coraza
y en su interior me introduzco
como tortuga asustada.

Mi cama, mi humilde cama,
que sabe de mis defectos,
que conoce mis miserias,
y sin embargo, en silencio
noche tras noche me espera,
sin reproches, sin enfados,
como hace una madre buena
que espera paciente al hijo
no importa de donde venga.

Mi cama, mi humilde cama,
ante todo mi capilla
donde rezo con fervor,
donde pido humildemente
fe, esperanza y protección,
y también humildemente,
donde ofrezco ser mejor.

Mi cama, mi humilde cama,
único testigo fiel
de cómo soy, cómo pienso,
como sufro y como temo
a lo imprevisto, a lo absurdo.
a lo injusto, a lo violento.

Mi cama, mi humilde cama,
el único amigo eterno,
unas veces de madera,
otras pueden ser de hierro,
pueden cambiar los colores
de sus colchas y sus mantas
y por último el modelo,
pero siempre te acompaña,
incluso después de muerto.

## EL SUBNORMAL

Hay quien se atreve a afirmar
que el subnormal no tiene alma,
¡qué barbaridad, Dios mío!
si el subnormal sólo es alma.

Es un ser bueno, muy bueno,
lleno de amor y bondad,
amante de la familia,
amante de la amistad,
valores tan importantes
que olvidó la humanidad
y que para bien de todos
debería recuperar.
Esos valores tan grandes
los practica el subnormal.

El subnormal no conoce
ni la envidia, ni el rencor,
tampoco conoce el vicio,
ni el odio, ni las intrigas,
sólo conoce las flores
y la hierba, y las espigas,

126

no sabe para qué sirven
pero las mira y las mima,
porque le gusta lo bello,
porque le gusta la vida.
Le gusta el sol y la lluvia
y oír trinar a los pájaros,
y la montaña y la playa
y ver llegar a los barcos.

Hablamos constantemente
de los derechos humanos
y mientras los grandes hombres
los escriben y promulgan
y a grandes niveles quieren
encontrar la solución,
el subnormal los respeta
y nos da una gran lección
demostrándonos que es fácil,
tan sólo hace falta amor.

Sin embargo el subnormal
y a pesar de sus valores,
no nos inspira respeto,
como nos lo inspira un cojo,
como nos lo inspira un ciego,
entonces yo me pregunto
¿por qué el ciego causa pena
cuando le vemos pasar
y sólo sonrisa o risa
nos produce el subnormal?

Yo pido a la sociedad
que los mire con respeto
porque Dios los ha creado
con un alma y con un cuerpo
y si proceden de Dios
también son hermanos nuestros.

## ACCIÓN DE GRACIAS

Señor, por fin he vencido
mi depresión, mi tristeza
y quiero darte las gracias
pues sólo Tú me ayudaste
en esta angustiosa espera.
Supe que un día llegaría
que sería mujer nueva.

Gracias, Señor, y mil gracias
por tu infinita bondad,
pues la vida es muy hermosa
y yo lo había olvidado
y con este olvido mío
yo cometía el pecado
de ignorar la obra maestra
que Vos habíais creado
y que contemplar podía
tan sólo con desearlo.

Como es el sol, y la lluvia,
las montañas y los lagos,
los animales y el hombre,

aunque éste tan limitado
que yo diría, Señor,
que con él has fracasado
pues yo me pregunto a veces
cómo se pudo dormir
la noche del prendimiento
cuando Tú orabas por él
olvidándote de Ti,
yo me pregunto, Señor,
¿cómo se pudo dormir
en aquel sitio tan triste
llamado Getsemaní?

## Una noche cualquiera

Es una noche cualquiera,
tengo ganas de llorar
y aunque trato de no hacerlo
no lo puedo remediar
ya mis ojos se humedecen
y una vez más es la noche
mi cómplice, mi aliada,
a ella le cuento mis penas,
es una amiga callada,
y yo que soy egoísta
me aprovecho de la noche
pues la oscuridad le impide
que su mente sea clara,
y así cuando sale el sol
ella no recuerda nada
y gracias a su silencio
al día siguiente soy
la persona equilibrada
que de cara a los demás
sabe contener impulsos,
sabe retener las lágrimas
y dar una imagen fuerte

a los que a diario trata,
ser una madre sumisa
y una austera ama de casa.

Pero sería distinto
si un día la noche hablara.
Diría que soy rebelde,
que no me gusta mi vida,
que es mi sumisión flaqueza,
que mi fuerza es el orgullo,
mi austeridad indolencia,
y así mis virtudes son
el fruto de mis defectos.

Mas la noche no hablará,
y yo tampoco he de hacerlo
pues, ¡diría tantas cosas!
pero si el refrán nos dice
que el fin justifica el medio
pensemos en lo que hago,
perdonemos como pienso.

## La madre

Es el amor de la madre
como esa tierra fértil
que siempre da su cosecha,
aunque el medio sea hostil.
Quiere al hijo, guapo o feo,
si es bueno o es regular,
inteligente o mediocre,
si es elegante o vulgar.
Ella admira sus virtudes
y disculpa sus defectos
y con su amor comprensivo
hace al fin un ser perfecto.

La madre no nos reprocha
si un día nos alejamos
y acude a ayudarnos siempre
cuando la necesitamos.
A veces no nos ayuda
como nosotros quisiéramos,
le faltan conocimientos
o acaso capacidad
y también es muy corriente

que le falte autoridad,
pero le sobra ternura,
abnegación y bondad
y con estas cualidades
no nos puede defraudar
aunque no arregle el problema
para el que intenta ayudar.

La madre es gran receptora
y enseguida se da cuenta
si el hijo se encuentra enfermo
o si tiene algún problema.
Por eso es casi constante
su sufrimiento y su pena
pues cada hijo es para ella
como un miembro de su cuerpo
que con fuerza le doliera.

La madre es un ser muy fuerte
siendo fácil comprobar
tras su aspecto a veces débil
una fuerza sin igual.
Ella aguanta sin dormir
lo que sea necesario
para velar a ese hijo
que necesita cuidados,
ella aguanta adversidades
de una forma insospechada,
sin importarle el reposo,
sin importarle el descanso,
se diría que su cuerpo
es un robot programado.

La madre será feliz
si un hijo triunfa en la vida,
no importa que éste la niegue
por conveniencias sociales
cuando llegan los amigos,
ella no se enfadará,
es un ser privilegiado
como también lo era Cristo
y ¿acaso a Él no le pasó
con su apóstol preferido?

La madre es un ser hermoso,
con sus arrugas, sus canas,
porque el deterioro físico
lo anula siempre con creces
la belleza de su alma.

La madre es un ser feliz,
a pesar del sufrimiento
está agradecida a Dios
por ese gran privilegio
de concederle ser madre,
el título más preciado
que existe en el universo.

Respetemos a la madre
recordando que su amor
es el único leal,
sin egoísmos, ni ambages,
el que da todo por nada,
el que nada espera a cambio
y que si la necesitas
sin duda estará a tu lado.

## LA GRAN CIUDAD

La gran ciudad es un monstruo
que no tiene corazón,
todo lo absorbe a su paso
como si fuese un ciclón,
el que  pierde el equilibrio
se despierta en la cuneta
sin que nadie lo remedie,
sin que nadie lo sostenga.

La gran ciudad es un monstruo
que no tiene compasión,
ni de pobres, ni de ricos,
ni de enfermos, ni de sanos,
a todos hace girar
con la misma intensidad,
sin dejar pensar a nadie,
sin dejar reflexionar.
Nadie sabe si obra bien,
si obra mal o regular,
¿cómo lo puede saber
si no le dejan pensar,
si no puede detenerse,
ni puede reflexionar?

La gran ciudad es también
como una gran coctelera,
donde a gusto o a disgusto
todos estamos en ella
elaborando este cóctel
que es una bebida amarga,
que a nadie gusta tomar
pero que todos tomamos
pues al formar parte de ella
también esto es obligado.

Todos vertemos en ella
esperanzas y fracasos,
las realidades y sueños
y todo se ha confundido,
luces, sombras, malo y bueno
y ahora nadie sabe ya
cuál es lo suyo o lo ajeno.
Todo es un poco de todos,
esto ya no tiene dueño,
ya no tiene identidad,
ya todo es fruto de un tiempo,
loco, absurdo y sin sentido
que a todos nos tiene presos.

La gran ciudad es cruel,
para ella no existen hombres,
tampoco niños ni ancianos,
sólo gente, sólo números
es lo que pisa su asfalto.

La gran ciudad es un monstruo
y sin embargo la amamos,

todos hablamos de ella
y todos la criticamos.
Nos buscamos mil excusas,
los amigos, el trabajo,
pero aquí permanecemos
y ninguno nos marchamos.

La gran ciudad, ¡qué misterio!,
vemos como nos devora
y nos quedamos tan frescos.

## La inteligencia

La inteligencia es un don
con el que Dios premia al hombre,
no es privilegio de ricos,
ni tampoco lo es de pobres,
es patrimonio de algunos
pero a todos debe servir,
como sirve el Astro Rey
que nos calienta y alumbra
de forma humilde y sencilla,
como el aire generoso
que nos cubre con su manto,
como si fuese una clueca
cuidando de sus polluelos
permitiendo a cada hombre
el placer de respirar,
o esa fuente cantarina
que mitiga nuestra sed
cuando exhaustos en la marcha
nos paramos a beber.

Lo mismo la inteligencia
debiera servir a todos
pero esto no ocurre así.
Si la tiene un poderoso
la hace privada y la usa
para beneficio propio
sin pensar por un momento
que hace fraude al Creador
al reservarse una cosa
que a todos fue destinada.

Pero el hombre no es el sol,
ni es el aire, ni es el agua.
El hombre no es generoso
y jamás compartirá
algo que pueda servirle
para lucirse y triunfar,
para mirar desde arriba
a los que abajo quedaron,
olvidando totalmente
que también son sus hermanos.

Y si la posee alguien
que carece de fortuna,
no le sirve para nada,
y se pierde como un trasto
olvidado en el desván,
sin que a nadie se le ocurra
que se pudo utilizar
pues también la inteligencia
siempre en razón de la cuna
igual que ocurre al bebé
se desarrolla o anula.

De la inteligencia sin duda
el destino es el fracaso
pues en un caso o en otro
el resultado final
es igual de lamentable:
en uno no se cultiva,
en otro no se comparte
y de este malentendido
sólo gana una señora,
negativa y antipática,
¿verdad que le es familiar?
Se llama Doña Ignorancia.

# La vejez

La vejez, triste etapa
en la vida femenina
aunque vengas adornada
con muchísimas virtudes,
con experiencias vividas,
que han generado bondad,
sensatez, serenidad,
madurez, y un gran sosiego
pero estas cosas hermosas
ya sólo son anticuerpos
que no sirven para nada
pues ¿qué hay qué proteger?
si la vida está acabada.

Y la vida está acabada,
no lo vamos a negar.
Quedó lejos la niñez,
con sus juegos y su magia,
escapando a lo real,
donde un palo es una espada,
la muñeca, una princesa,
cualquier madera es un barco,

y un tren con muchos vagones
las cajas de los zapatos.

Y pasó la adolescencia
con nuestros deseos locos
de cambiarnos de vestido,
de ponernos mil adornos,
de ser estrella de cine,
y azafata, y enfermera,
de los llantos torrenciales,
de nuestros cambios de humor,
de la risa incontrolable.

Igualmente se marchó
la primera juventud,
con sus caricias furtivas,
con los amores secretos,
con romances y flirteos,
y la juventud madura,
del matrimonio consciente,
de la profesión en serio,
la lucha por la familia,
diciéndonos tantas veces:
"Quiero que mis hijos sean
unos hombres de provecho".

Y ya llega la vejez,
se aproxima sin remedio,
no hay actividad ovárica,
ni tampoco laboral,
ya nadie te necesita,
ya se marcharon los hijos
y están llegando los nietos,

ya nadie dice los padres,
todos dicen los abuelos.
Atrás quedó ya lejana,
nuestra carrera frustrada,
o aquel viaje que tuvimos
tantos años programado:
el viaje que nunca hicimos.

Vejez, después de esto,
ya no queda casi nada,
cerraste la última puerta
que era la de la esperanza
y nos has dejado a solas
con nuestros tristes recuerdos
agolpados en la mente,
como puerta de emergencia,
intentando la salida
ante el peligro que acecha.
Pero ya todo es inútil,
ya se ha cerrado la puerta.

## La emigración

Yo vivía muy feliz
en un  pueblo muy pequeño,
en una familia humilde,
nada importaba la moda,
ni la fama, ni el dinero,
sólo importaba el trabajo,
sólo contaba el esfuerzo,
y la solidaridad
para con todos sus miembros.

Pero como siempre ocurre
pronto se acabó lo bueno,
un día llegó un mal virus
que se nos metió en el cuerpo
y empezó la emigración
de las gentes de los pueblos
y con el pobre equipaje
de campesinos sin más
cogimos nuestras alforjas
y alegremente marchamos
y como una marabunta
inundamos la ciudad.

Una ciudad muy extraña
pues en mi casa no había
ni luz, ni váter, ni agua.
Después alguien me explicó
que aquello era una chabola,
que estaba en un extrarradio
y como no me aclaraba
con tanto concepto extraño
como a un niño pequeñito
me llevaron hacia el centro
cogidita de la mano.

Y entonces que lo entendí
fue mi primer desengaño:
allí es donde yo venía
pero no había llegado.
Y sentí una pena inmensa,
y pensé: "¡Ya me han timado!"
y no tenían derecho
pues yo rebosaba fe
cuando salí de mi pueblo.

Y al meditar en voz alta
me dijo con cierta sorna
alguien que estaba a mi lado:
"¿Desde cuando fue la miel
para la boca del asno?"
Y al volver yo la cabeza
para ver a aquel que hablaba
en un espejo muy grande
mi imagen vi reflejada
en un espejo muy grande
que, según me dijo un niño,
se llamaba escaparate.

Y el refrán del transeúnte
y la aclaración del niño
más mi imagen reflejada,
fueron como un agua fría
que me salpicó la cara
despertándome de un sueño.

Después de tanta sorpresa
yo me volví al extrarradio
y aún permanezco aquí,
después de casi treinta años
con la triste sensación
de ser parte de otra raza
aún en la misma nación.

El centro de la ciudad
me resulta cuando voy
un tanto superficial
pues sigo sin conocerlo
sin saber de qué va.
Pero la culpa no es mía,
la culpa es de los demás
que un día, ya muy lejano,
no me dejaron llegar.

## Un día cualquiera

¡Qué triste estoy Dios mío!
Las fuerzas me abandonan,
son tantas las tristezas,
tantas las frustraciones,
que a veces me pregunto:
"¿cómo se puede dar
a una persona buena,
que a nadie le hizo mal,
una vida tan triste,
con tanta adversidad?"

Tengo en este momento
por toda compañía
mi madre coja y ciega,
mi hijo subnormal,
que esperan en la cama
les lleve el desayuno.
No les puedo fallar,
ellos me necesitan.

Dame fuerzas, Dios mío,
no deben sospechar
que me siento impotente
para continuar
y que en cualquier momento
les puedo defraudar.
Sería triste y cruel,
no puedo permitirlo,
te pido humildemente
¡ayúdame, Dios mío!

## EL MATRIMONIO

A veces el matrimonio
es la muerte del amor.
Nos parece incomprensible,
no le encontramos razón,
y sin embargo la tiene
y además muy importante
pues se creyó tan perfecto
desde que se instituyó,
que podía mejorarse
a nadie se le ocurrió.
Y este ha sido desde siempre
el más lamentable error
ya que todo es mejorable
excepto la obra de Dios.

El matrimonio no exige
ni un cursillo elemental,
basta pasar por la iglesia,
o en su defecto el juzgado,
te dan unos papelitos
y ya está todo arreglado.

Ninguno conoce al otro
y así empiezan a vivir
y así empiezan los problemas
y cuando en cualquier momento
las cosas se ponen mal
recurren a los papeles
y aclaran la situación
diciéndose mutuamente:
-"¿Es que acaso has olvidado
que me debes obediencia?"
-"¿Acaso tú has olvidado
que tú me debes respeto,
que yo no soy tu sirvienta?"

Y termina la pelea,
el combate ha sido nulo,
todo quedó como antes,
todo sigue siendo oscuro
pues siguen sin conocerse
y ahí radica su problema.
Se rigen por unos cánones
que la sociedad establece
como si fuesen zapatos
o calcetines en serie.

El matrimonio es sin duda
la institución más arcaica
que existe en la actualidad.
Está todo programado:
la limpieza, la comida,
las relaciones sexuales…
Y si alguno de los dos
altera esta perfección

porque está hasta las narices
enseguida se argumenta
que el matrimonio está en crisis.

El matrimonio es un caos
mientras no exista un respeto
de libertades recíprocas,
conociendo nuestros gustos,
las virtudes y defectos,
y sin exigir al otro
que en todo sea perfecto.

También deben practicarse
los detalles y atenciones
que de novios proliferan
y luego desaparecen.
Se cree que el matrimonio
es piedra filosofal,
que no hay que preocuparse,
que nada va a salir mal,
y es una equivocación,
pues todo pierde interés
si no se tiene ilusión
y llega el aburrimiento
y después la depresión,
y un sinfín de cosas más
si no lo remedia Dios.

El matrimonio termina
con familiares y amigos,
ve en cada uno de ellos
en potencia un enemigo.
Cree que su independencia

debe ser de ellos dos solos
y el círculo que se crean
lo dejan ya tan pequeño
que un buen día se dan cuenta
que ya no caben ni ellos.
Esto desgraciadamente
es un error lamentable
ya que son imprescindibles
las relaciones sociales.

También resulta muy triste
cuando la mujer anuncia
que va a venir la cigüeña.
El marido cariñoso
pregunta a su mujercita:
-"Cariño, ¿qué nos traerá?
- Pues un niño o una niña
- ¿Y tú sabes lo que es eso?
- ¡Me has pillado desprevenida!
Tú que eres más instruido,
dame una pequeña pista".
Por fin contestan a dúo
con una gran alegría:
"Creo que es como un muñeco,
pero provisto de vida"
Ya tenemos en camino
por obra de la cigüeña,
otro gran desconocido.
"¡Qué ilusión!, ya somos tres"
dice el matrimonio unido.

## La experiencia

La experiencia la adquirimos
a fuerza de fracasar,
a fuerza de equivocarnos,
a fuerza de tropezar.
Cuando al fin la poseemos
es difícil de aplicar
pues nos hemos hecho viejos
y de esta manera absurda
después de tanto esperar
a tener esa experiencia
que nos permita en la vida
ser un poco más sensatos,
tener más seguridad,
por haber llegado tarde
no la podemos usar.

Esto no sería malo
si pudiera transmitirse
a los que vienen detrás
pero tampoco es posible,
pues todos se creen sabios
por tanto no necesitan
consejos de los demás.

Y de esta forma tan fácil
se repite una y mil veces
los errores, los fracasos,
las torpezas, las sandeces
y así un siglo y otro siglo
y la humanidad no aprende.

## JUVENTUD EFÍMERA

Tengo cincuenta años
y sufro los trastornos
propios del climaterio
con periodos informales.
Pero hoy por fin me ha venido
después de casi tres meses
y me siento muy contenta,
al menos por este mes
me sentiré menos vieja.

## El banco

Esta mañana fui al banco
y he salido de él corriendo
como alma que lleva el diablo
pues tenía la impresión
de ser una malhechora
al ver a los empleados
tras las ventanas blindadas
y yo al otro lado sola.

Es algo tan frío e impersonal
que jamás volveré a un banco
si es que lo puedo evitar.

## La familia

¡Cómo presumimos todos
al hablar de la familia!
Aunque estamos convencidos
de que sirve para poco
nos tratamos de engañar
para no sentirnos solos.
Esa familia teórica
que casi todos tenemos
sólo nos sirve en la práctica
para los casos extremos.
De ella estamos orgullosos
y hablamos con los amigos
de nuestro primo ingeniero,
del sobrino el abogado,
o del hermano maestro.

Quizás no los admiramos
nos parecen majaderos,
engreídos, presuntuosos
y que no tienen talento
pero frente a los demás,
sólo elogiarlos sabemos,

no ignoramos que ante otros
esto es de muy buen efecto
y a nuestra humilde persona
tratamos de valorar
con esa familia nuestra,
llamada "la intelectual".

No hablamos de nuestros tontos,
alcohólicos, drogadictos,
esos no nos interesan,
esos son seres malditos.
A estos los compadecemos
cuando los tenemos cerca
y los ignoramos siempre,
pues son una pesadilla,
por tanto, no son reales,
y en virtud de este concepto
no nos sentimos culpables
de nada que les ocurra,
de nada que les concierna.
Este mundo es de los fuertes
y los débiles no cuentan.

La familia sólo es tal
cuando naces o te mueres.
Te recuerda en Nochebuena,
desea felicidades,
que tengas un año próspero
y todas esas lindezas
sin recordar que fue un año
lo que pasó hasta la fecha,
que has tenido tus dolores,
tus penas y tus tristezas,

sin compartirlas con nadie,
sin que nadie las supiera.

No suelo ser muy atenta
cuando llegan esas fechas,
pues no me parece ético.
Dirán que soy antipática,
o que no tengo detalles,
quiero ser fiel a mi misma
aunque no lo entienda nadie.

Quisiera que la familia
fuese algo más que una frase,
que en la vida cotidiana
estuviese más presente,
y así afrontar con más fuerza
los sinsabores diarios,
que son los que a fin de cuentas
condicionan todo el año,
no sólo las Navidades
o el día del cumpleaños.

# La vida

La vida es ese camino
que todos emprendemos
cuando llegamos al mundo,
a veces corto y sencillo,
a veces largo y abrupto
y siempre desconocido
en su meta y su distancia,
y cuando llega la noche
no sabes si habrá un mañana.

Lo único que sabemos
es que un día ha de acabar
pues es la primera deuda
que adquirimos al nacer
y que será intransferible
la distancia a recorrer.

Nadie nos puede ayudar,
nos prestarán los zapatos,
pero los pies son los nuestros,
nosotros hemos de andar,
nos prestarán el vestido,

pero el cuerpo será el nuestro,
que maltrecho y dolorido,
sin pausa, siempre adelante,
habrá de andar su camino
y terminarlo un mal día,
pues nadie quiere acabarlo,
se diga lo que se diga.

La vida es ese camino
que emprendemos al nacer,
con más espinas que flores
y más penas que alegrías,
pero ahí radica su esencia,
pues la vida es pena y llanto,
es frío, viento, tormenta,
pero también es bonanza,
calor, lluvia y alegría.

La vida es ese milagro
de dormir y despertar,
como si fuese un ensayo
para que el sueño final
al estar acostumbrados
a morir todos los días
no nos asuste al llegar
y cuando llega la noche
y con ella llega el sueño
comenzamos a soñar,
a veces cosas bonitas
que nos gusta recordar,
otras veces cosas tristes
que tratamos de olvidar,
pero siempre confiados,

pues el sueño es familiar
y decimos convencidos:
"Esta noche no será".

La vida es ese milagro
que nos permite olvidar
si el abrazo del amigo
jamás se repetirá,
si el adiós del ser querido
o la frase cariñosa,
puede ser la despedida.

La vida es la unión
de un cuerpo y un alma.
Se diga lo que se diga
nadie quiere separarlas.

## LOS MUERTOS

Esos seres queridos
que nos dejan un día,
son jóvenes, son viejos,
no hay edad, no hay límite
para ese viaje eterno,
nos sorprende sin más,
sin un aviso previo,
y se quiebran familias
y se pierden proyectos
y se olvida reír
y es distinta la calle,
y hasta el azul del cielo

La persona que muere
es como el miembro cortado
que te deja incompleto.
Y alguien dice un buen día:
"Tienes que resignarte
porque esto es ley de vida"
Y sabes que es verdad
pero te suena a insulto,
no puedes admitirlo.

Y otro más atrevido
dice pausadamente
en tono comprensivo:
"A mí me pasó igual,
pero después se cambia,
el tiempo lo cura todo,
su fuerza es la distancia".

Y el tiempo va pasando,
la herida sangra menos,
se va cicatrizando,
y el muñón adherido
al miembro mutilado
desarrolló tal fuerza
que te creó otra vida,
que muestra el cielo azul,
que invita a la sonrisa.

Y un buen día sonríes
y te crees un monstruo,
estás avergonzada,
te tapas la cara,
te escondes de todos,
no quieres aceptar
que renació tu vida,
que como un ave fénix
renaces de las cenizas.

Pero no te avergüences,
que todo esto es normal,
ley de vida es la muerte,
ley de vida olvidar.

## LOS CIEGOS

Que los ciegos se resignan
yo lo sé por experiencia,
pues tengo hace muchos años
a mi pobre madre ciega,
pero es algo monstruoso,
nadie niega esta evidencia.

Para ella nunca amanece,
vive en una noche eterna,
con espacios infinitos,
sin cuadros en las paredes,
las estanterías sin libros,
y los jarrones sin flores,
las lámparas sin fluido.
No ve crecer a sus nietos,
ni envejecer a sus hijos,
su imagen quedó parada
en aquel retrato antiguo.
Vive en una noche eterna,
con espacios infinitos,
sin colores y sin formas,
sólo oscuridad y ruido.

## LA VIUDA

La viuda es esa mujer
que pierde a su compañero,
estuvieron siempre unidos
en lo malo y en lo bueno.
Él tenía sus virtudes
y tenía sus defectos
como todos los tenemos
pero era incondicional
cuando llegaba el momento.

Y él un día se marchó,
nadie pudo detenerlo,
ni el amor de la familia,
ni tampoco su trabajo,
ni la ciencia de los médicos.
Y a esa mujer angustiada
sólo le quedan recuerdos,
herramientas de trabajo,
su ropa, sus documentos,
sus ilusiones truncadas,
sus deseos y proyectos,
y media cama vacía

tan fría como su cuerpo,
que ya no será refugio
en una noche de invierno,
que ya no será bonanza
en sus tormentosos sueños,
ni consuelo en su tristeza,
ni fuerza en débil momento,
ya sólo será un vacío
multiplicado por ciento.

Pues ese sillón vacío
frente a la televisión
o esa silla que ocupaba
a la hora de comer
que como cuerpo magnético
atraerá siempre su vista
como el golpe el miembro enfermo
y que al verlo tantas veces
se convierte en un vacío
multiplicado por ciento.

La viuda es esa mujer
que siempre fue respetada
por amigos y parientes
pero al morir su marido
todos se vuelven distantes,
desconfiados a veces,
pues la viuda nos sugiere
un mundo lleno de intrigas,
si les quitará el marido
les preocupa a las amigas,
si será carga económica
se pregunta la familia,

y nuestra desconfianza
hará sin lugar a dudas
que su amor propio se agrande
y su eslogan será siempre:
"¡No he de molestar a nadie!"
Y si tiene hijos pequeños
no les faltará un detalle
para que jamás envidien
a los que sí tienen padre.

Y esta mujer perderá
su identidad como madre
y será como una máquina
que pagará las facturas
del teléfono, la luz,
los colegios y los trajes.
Y no es culpa de los hijos,
ni tampoco de la madre,
sólo es de la sociedad
que con su desconfianza
hace que se sienta sola
y esto la obliga a luchar
de una forma desmedida
pensando en aquella meta
a la que debe llegar,
que tiene que correr sola,
que nadie le va a ayudar
y en esta loca carrera
pierde hasta su identidad,
pues atrás quedó su nombre,
ahora sólo es una viuda
que corre sin descansar
con su eslogan en la mente
y con su afán de llegar.

Y si tiene hijos mayores,
si incluso ya están casados,
su soledad será grande
tanto si se queda sola
como si marcha con ellos
pues sólo será una pieza
que viene de un puzzle ajeno
que jamás encajará
porque ha perdido su hueco.

La viuda es esa mujer
que la sociedad ataca
de una forma despiadada:
criticamos si se viste,
criticamos si se peina,
como si el sobrevivir
al que fue su compañero
se convirtiera en pecado
y no tuviera derecho
a vivir en libertad
como cualquier ser humano
que a nadie le debe nada,
que está viviendo su vida,
que está gastando su tiempo
y que si sigue en el mundo
es porque Dios lo ha dispuesto.

A esa viuda que camina
incompleta y vacilante,
como al que falta una pierna,
seamos buenos con ella,
no podemos darle un miembro
pues démosle una muleta.

## DEMOCRACIA

Democracia, bonita palabra,
pues libertad e igualdad
son su principal doctrina,
con nuestra voz, nuestro voto,
y nuestros representantes
en asuntos de gobierno,
algo que a todos nos gusta,
algo que todos queremos.

Aunque a veces nos molesten
esos pequeños detalles:
que unos lleven a sus hijos
a escuela particular
y otros mendiguen un puesto
en cualquier centro estatal;
que unos tengan varios coches
al servicio de los suyos
y otros sólo sus pies planos
para recorrer el mundo.
Hay los que tienen la casa
en zonas residenciales
y otros tienen la chabola

en las zonas residuales.
Pero hay que reconocer
que son pequeños detalles,
y todos o casi todos
estamos muy orgullosos
de esta nuestra democracia
pues nosotros la elegimos
y por eso la queremos
como se quiere a los hijos.

Aunque a veces nos molestan
esos pequeños detalles:
que algunos lo tengan todo,
y otros que no tengan nada,
ni siquiera un buen amigo
pues pobreza e ignorancia
es algo no compartido
y nadie quiere privarte
de su disfrute total
y se vuelven desprendidos.

Hay los que tienen dos sueldos
y el que no tiene ninguno;
los hay que comen langosta
y los que han de conformarse
con el boquerón de turno;
hay los que cortan la vida
del hijo no deseado
y los que jamás disfrutan
por extremar los cuidados.

Pero hay que reconocer
que esto son cosas normales

que no tienen importancia
pues son pequeños detalles.
Y es justo reconocer
que la democracia es buena,
pues si el llanto para el espíritu
resulta reconfortante
cuando se tiene una pena,
también lo es poder hablar
de nuestras muchas miserias.

Y a mí me da mucha rabia
que haya quien no crea en ello,
y lo dicen sin recato,
son los que pasan la vida
buscando tres pies al gato.

Y yo les preguntaría:
"¿Pero qué más pueden darnos?
Si somos analfabetos
y nadie nos lo reprocha;
si usted se puede morir
después de una huelga de hambre
y si no tiene usted casa
puede dormir en la calle;
si llegan las vacaciones
y usted no quiere salir
porque no tiene dinero
nadie le va a sancionar,
está usted en su derecho
y en caso de enfermedad
si usted quiere ir al Seguro
por su propia voluntad
a que vaya a un centro privado

nadie le puede obligar,
¿quiere decir por favor
de qué se puede quejar?
Si usted se puede morir
por la colza envenenada
con la consabida falta
de ahuyentar a los turistas
de una forma descarada,
sin pensar en las divisas
y le van a perdonar
e incluso le nombrarán
cuando digan las noticias,
¿quiere decir por favor
de qué se puede quejar?"

## Nuestro pueblo

Casi todas las personas
que marchan a la ciudad
vuelven con cierta frecuencia
al pueblecito natal
aunque tengan su trabajo
y su casa en la ciudad.

Hay quien critica diciendo:
"Vuelven para presumir"
y es posible que así sea
pero es humano y normal
pues al volver recuperan
sus señas de identidad,
esas señas que perdieron
al marchar a la ciudad.
Por eso vuelven allí,
donde tienen sus raíces,
sus amigos de la infancia,
su familia, sus recuerdos,
su casa destartalada
y son hijos de fulano,
y vecinos de mengana,

eran una buena gente
que a los demás ayudaba.
Y su abuelo estuvo en Cuba
y otro estuvo en Filipinas,
eran familia de héroes
y las gentes los querían.

Esto es algo tan hermoso
y es algo tan necesario,
que no considero justo
que pueda ser criticado.

En la ciudad no es así,
sólo somos uno más,
uno que va por la calle,
uno que va a trabajar.
Sus cualidades se ignoran,
sus esfuerzos no se saben,
sólo es una rueda más
en medio de un engranaje.

Y un día, con buen criterio,
piensa: "¿para qué trabajo?
¿para comprarme una casa,
que a nadie le importa un rábano,
para comprarme un buen coche
con un titánico esfuerzo
que solo será otro coche
porque como el mío hay cientos,
para que estudien mis hijos
y que nadie los conozca
cuando lleguen a algún sitio
y digan cuánto trabajo

les costó hacer la carrera,
cuánto esfuerzo y sacrificio?"

Por eso vuelven al pueblo,
para ser reconocidos.
Donde dan una limosna
y todo el mundo lo sabe.
Y en la ciudad no es así,
das donativos al Domund,
la Cruz Roja, Subnormales,
pero sigues siendo anónimo,
pero sigues sin ser nadie.
Y tu granito de arena
engrosará ese total,
mas nadie hablará de ti,
de tu esfuerzo personal,
y, ¡caramba!, eso es muy duro,
no lo vamos a negar.

Por eso vuelven al pueblo,
para poder encontrar
su nombre, su calle, su casa,
sus señas de identidad.

## Los medios audiovisuales

No tengo ningún pudor
en decir honradamente
y llena de convicción
que a mí me asusta la muerte.
Todos hemos de morir,
ya lo sabemos de siempre,
pero hasta que llegue el día
no debiera estar presente.
Pero esto no ocurre así,
te hablan de ella en la radio,
te la muestran en la tele,
de la mañana a la noche
hablándote de accidentes
y a mí me amargan la vida
y me confunden la mente,
pues no llego a comprender
el porqué de tanta muerte.
Yo les pido por favor
que se callen, que me dejen,
que no quiero saber nada,
que no, que no me lo cuenten.
Les hago una reflexión

muy respetuosamente,
si yo ya lloro bastante
por amigos y parientes,
¿es justo hacerme sufrir
por los cinco continentes?

## El ozono

Se reúnen los científicos
para hablar largo y tendido
de ese enorme agujero
en la capa de ozono,
llegando a la conclusión
de que la culpa es de todos.

Por lo visto esto es muy grave,
nos llegará el sol sin filtro
y nos traerá enfermedades
que según los entendidos
pueden llegar a ser graves.
Yo desde mi pequeñez
de esto he tomado conciencia
y a partir de este momento
pongo mi grano de arena:
ya no uso ambientadores,
ni tampoco esos productos
que cuidan la madera
y que no me ponga laca
he dicho a la peluquera.

Si todos somos conscientes,
cada uno desde su esfera
esto podrá mejorar
en el curso de unas décadas,
dejando un mundo mejor
a aquellos que nos sucedan,
mas si esto no lo arreglamos
por pereza o negligencia
los que han de venir después
mejor es que no lo hicieran
y a los que vivimos hoy
que Dios nos tenga clemencia
por haber hecho mal uso
de lo que Él nos concediera
en este mundo fantástico
llamado planeta Tierra.

## Una tarde de Mayo

Es una tarde de Mayo,
sola en mi casa me encuentro,
tengo una pluma en la mano
y tengo un montón de tiempo,
también tengo un folio en blanco
que a servirme está dispuesto,
mas, ¿para qué ha de servirme
si yo no tengo talento?
¡Ay, si la pluma supiera
el interés que yo tengo
en hacer algo importante
y no malgastar el tiempo!,
sola se impulsaría
cual máquina en movimiento
a escribir cosas hermosas
que yo en mi corazón siento,
pues es uno de esos días
en que uno se encuentra contento,
porque tenemos salud
y no nos falta el sustento,
hay flores en los jardines,
también porque está lloviendo,

en un país de sequía
es un acontecimiento.

En fin, que me encuentro bien
y es justo reconocerlo,
pero la pluma paciente
dando vuelta entre mis dedos
espera que le dé ideas,
ignora que no las tengo.
Y van pasando las horas
y yo a mi vez me impaciento,
pues no hay que dejar pasar
los pocos buenos momentos
y olvidarlos porque sí,
sin dejar constancia de ellos
y sólo tener presentes
las penas y sufrimientos,
mas no se me ocurre nada
por más y más que lo intento
y la pluma sigue muda,
no oye mi requerimiento
y yo nada puedo hacer,
bien sabe Dios que lo siento.

## Mis pajarillos

Tan sólo en una semana
se me han muerto dos pajarillos
que tenía en la terraza
y las plantas de debajo
que recibían el alpiste
que ellos al comer tiraban
se han quedado como mustias.
Es triste ver a la muerte
aunque sea con minúsculas.
Yo también estoy muy triste
pues alegraban la casa
con sus trinos armoniosos
al despuntar la mañana.
Ahora todo está en silencio
y esto a mí me encoge el alma.
"Sólo eran dos pajarillos",
cualquiera puede decirme,
pero ¿qué queréis que os diga?,
yo soy así de sensible

## EL PINO SOLITARIO

En medio de la campiña
ese pino solitario
que da cobijo al pastor
en tormenta de verano
y que en los días de estío
le da su sombra al rebaño
y por la noche en sus ramas
tienen su casa los pájaros,
que nos presta mil servicios
sin pedirnos nada a cambio,
si tiene la mala suerte
de que alguna carretera
deba pasar por su lado,
entonces llegará el hombre,
ese ser civilizado
y por esa sola razón
tendrá los días contados.

Tú que acogiste al pastor
en tormenta de verano,
al segador en tu sombra,
al transeúnte cansado,
verás con qué indiferencia
el hombre te hace pedazos.

## Estereotipos

Soy mujer y soy casada
y también ama de casa
pero no por vocación,
como a otras muchas mujeres
no me ofrecieron opción.
Todo esto lleva consigo
tener como es natural
una vida programada
y más que una persona
soy una pequeña máquina
y me siento deprimida,
mi labor desprestigiada,
pues no hay cosa peor vista
que ser un ama de casa,
quiero aclarar este punto
para que quede constancia
de que yo tengo muy claro
que no soy privilegiada,
pero no soy feminista
en el sentido actual
que se le da a esta palabra,
explicaré mis razones,
aunque estas resulten raras.

Defender a las mujeres,
sean buenas, sean malas,
y atacar al hombre siempre
es algo que en mí no encaja,
porque hay hombres excelentes,
víctimas de las mujeres,
nadie me puede negar
que existen muchas de ellas
que son de armas tomar
y que son indefendibles
aunque esto suene muy mal.

Yo sería partidaria
de defender a personas,
sin tener en cuenta el sexo:
soy mujer, se me defiende
porque yo me lo merezco;
soy hombre, se me defiende
pues mi vida es un infierno
y yo jamás he gozado
de esos muchos privilegios
que dicen nos concedieron
en la noche de los tiempos,
se me enseñó a no llorar,
a reprimir sentimientos,
a trabajar a lo bestia
para traer el sustento,
a ser siempre el más valiente,
a ser agresivo, apuesto,
se me pide autoridad,
porque la mujer me dice:
"Yo con los hijos no puedo,
si no quieren estudiar,

tú sabrás que haces con ellos,
cuando vuelven tarde a casa
es que eres un calzonazos
y no te tienen respeto,
¡ah! y los vecinos de enfrente
se han comprado un coche nuevo,
nosotros como sardinas
en ese cacharro viejo."
Y el hombre sigue adelante,
descartando el desaliento.
Nadie piensa que es un ser
con virtudes y defectos
y con derecho a ser débil
en un preciso momento.

También para las mujeres
hay muchos roles impuestos:
tiernas, amables y buenas
en virtud de nuestro sexo,
comprensivas, abnegadas;
amantes en todo momento,
zapatillas en la mano,
el periódico dispuesto,
la copita, la sonrisa,
muy arregladito el pelo,
aunque ya estés hasta el moño
de tanto sometimiento.

Pero en uno y otro caso
esto son estereotipos
que debemos desterrar,
pero igual en los dos sexos,
pues a uno darle prismáticos

y a otro impedirle mirar
en mi opinión es injusto,
pues ambos lo pasan mal,
siendo víctimas los dos
de esta absurda sociedad,
que nada más de nacer
nos impone un estandarte,
a uno azul y al otro rosa
y desde entonces andamos
como huestes en discordia.

# Los electrodomésticos

Son parte de la familia,
forman parte de sus miembros.
Se rompe la lavadora,
¡qué desgracia, qué tormento!
tengo que lavar a mano
y con la artrosis que tengo.
Esto te pone nerviosa
y llega a quitarte el sueño,
llegas a la conclusión
de que necesitas otra
hay que gastarse el dinero
pero qué vamos a hacer,
¡qué caramba, qué remedio!

No funciona el frigorífico
esto también lo ves negro
está tan adulterado
todo lo que nos comemos
que hay que guardarlo enseguida
sea verano o invierno
no puedes quitar lo malo,
al menos no lo aumentemos.

Lo guardas con sus bacterias,
pero te quedas contento,
has hecho lo que podías,
la Providencia haga el resto.

Y luego está el microondas
al que yo le tengo miedo
lo uso por comodidad
pero, ¡le tengo un respeto!
La central de Chernóbil
se me viene al pensamiento
pues tanta comodidad
¿no tendrá también su precio?
no lo digo por decirlo,
es que he oído a unos médicos
que puede haber radiaciones
en este dichoso invento.

Lo mismo que la familia
te dan bastantes disgustos
estos engendros modernos
que de una forma genérica
llaman electrodomésticos.

## Los supermercados

Yo añoro las tiendas pequeñas, como añoro el médico de cabecera, ese médico que sabía tu vida y milagros, las profesiones de tus hijos, amén de tus achaques y enfermedades. Las tiendas pequeñas también tenían mucho de familiares. Tú contabas tus cuitas al tendero y él a su vez te hablaba de sus problemas. Si un día no tenías dinero para pagar, no había ningún inconveniente, te llevabas el género y lo abonabas cuando podías. Pero surgieron los supermercados, esos monstruosos y deshumanizados centros en donde provisto de un carrito vas rompiéndoles las medias a unas y a otras, con las consabidas malas miradas de las afectadas, pues haría falta casi un carné de conducir para poder levar el susodicho carro de forma correcta entre tanta gente. Empiezas a coger productos a derecha y a izquierda, olvidándote por completo de ese humilde monedero que quizá o sin quizá está bastante maltrecho. Pero, ¿cómo privarte de esa enorme libertad? Nadie te impide coger cuanto quieras en un incógnito absoluto, pues no eres más que un carrito y alguien que lo empuja entre mucha gente total y absolutamente ajena a tu actitud y a tus necesidades. No hay mejor sitio para estar sola que un espacio lleno de gente, donde todo lo más que puedes ser es un bulto que en determinado momento estorbe a alguien, pero no tienes rostro, ni nombre, ni nada. En esa situación de anonimato aparece en ti una especie de delincuente camuflado y vas llenando tu carrito de las cosas más dispares y después de moverte durante un rato entre cientos de personas desconocidas sin que nadie se fije en ti llegas a caja donde otra desconocida con cara de pocos amigos te hace dejar parte de sus productos porque no tienes bastante dinero para pagar, demostrándote de paso que tu libertad era condicionada y que todo lo que has vivido durante tu borrachera de llenar y llenar tu improvisado vehículo era sólo un espejismo, pues además de hacerte pagar hasta el último céntimo no tiene la delicadeza de preguntarte por tu reuma, ni cómo está tu familia, ni nada de nada.

## A la Virgen de la Torre

Virgen de la Torre,
antes de marcharnos
quiero pedirte un favor,
Tú puedes hacer milagros,
quiero por tu intercesión
que se enteren en la tele,
se conciencien en la radio
que Vallecas es algo más
que litronas y pinchazos.

Cuando muestran nuestras calles,
cuando hablan de nuestro barrio
lo hacen en plan negativo
como barrio marginado
que carece de valores
y esta muy desprestigiado
y aquí somos laboriosos
y también somos cristianos
aunque seamos humildes
también somos muy humanos
queremos a nuestros niños,
queremos a nuestros ancianos,

santificamos las fiestas,
adoramos nuestros santos.
Si no lo quieren creer
que vengan con una cámara
el día de Viernes Santo
y vean con qué respeto
seguimos a nuestros pasos
y a la gente qué paciente
en la calle está a los lados
con un gran recogimiento
como una piña agrupados
esperando la procesión
en silencio inusitado.
O que pasen por aquí
donde venimos dos veces
una en Septiembre, otra en Mayo
y vean nuestra alegría
y vean nuestro entusiasmo
en estos días gloriosos
en que a Ti te veneramos.
¡Que viva Nuestra Patrona!
¡Que vivan los vallecanos!

# A la Virgen del Socorro

Señora,

Siento un poco de sonrojo
al presentarme ante Ti
pues hace casi veinte años
que no vengo por aquí.
No recordarás mi cara
pues cuando marché era aun joven
y ahora estoy ya muy cambiada.
Tengo cincuenta y ocho años
tengo la cara arrugada,
tengo por qué no decirlo,
muchas penas en el alma,
me han pasado muchas cosas,
unas buenas, otras malas
las malas dejaron huellas
que es imposible borrarlas.

Pero basta de tristezas,
no quiero serte pesada
sólo quiero que perdones
esta mi larga tardanza

en venir a saludarte
hasta esta tu santa casa
a la que nunca olvidé
a pesar de la distancia
pero la vida es muy dura
nos conduce, nos retiene
y como a hojas nos arrastra
por mundos desconocidos
donde vivimos sin patria
pues somos desarraigados
en esas ciudades nefastas
y seguimos siendo extraños
por mucho tiempo que pasa.

Soy vecina de Madrid,
allí estoy empadronada
más no me siento de allí,
aquí es donde esta mi casa
aunque todo el mundo sabe
que esto es sólo una metáfora
puesto que casa no tengo,
estoy con mi prima hermana
que es persona generosa
y que no nos niega nada.

Señora,

No sé si volveré a verte
pues la vida es tan efímera
que es absurdo prometerte
sólo podemos contar
con el momento presente.
Por si no puedo venir

quiero pedirte por todos
los que salimos de aquí
por los que hay en Guadalajara,
en Valencia, Cataluña,
en Navarra o en Madrid
porque no nos abandones
y nos ayudes a vivir
en este mundo complejo
que a veces es tan hostil
que nos causa mil problemas
y que nos hace sufrir.

Quiero pedirte también
por los que nunca marcharon,
por los que siguen aquí
en invierno y en verano,
cuídate de su salud,
de sus cosechas, sus campos
pues son una buena gente,
son unos buenos cristianos
y a pesar de privaciones
nunca torcieron su mano
y siguieron en el pueblo
como vemos mejorándolo,
hoy esta mucho mejor
que cuando todos marchamos
y eso se hace con tesón
eso se hace con trabajo.
Yo se lo agradezco mucho
pues si no fuera por ellos
estaría derrumbado
este hermosísimo pueblo
pero ellos lo conservaron

y nos han hecho felices
pues de no haber sido así
estaríamos muy tristes
al ver que habíamos perdido
algo tan esencial
como son nuestras raíces.
Para los seres humanos
son algo muy importante
pues sin raíces no hay árbol
donde puedas apoyarte
y todos necesitamos
recordar nuestro pasado
cuando en la vida diaria
nos sentimos agobiados
pues la vida de ciudad
es como un gran laberinto
que no te deja escapar
y sólo pensando en esto
nos podemos relajar.

Y sería muy hermoso
el poder dar marcha atrás
pero eso ya no es posible,
no es cuestión de voluntad
es que existen altos muros
que es imposible saltar
cada uno nuestro camino
debemos continuar.

¡Que viva Nuestra Patrona
y los hijos de El Tobar!

## A MI NIETO HENRY

Eres un niño querido,
un niño muy deseado,
que a tus abuelos maternos
la juventud nos has dado,
íbamos por ese puente
que nos conduce al final
pero saliste al camino
y nos dijiste: "¡Parad!
que yo he venido a este mundo
con otra oportunidad,
que quiero que disfrutéis
y retraséis el final".
Y ahora somos muy felices,
tenemos tu protección,
resulta más eficaz
que cualquier medicación.
Y qué decir de tus padres
su enorme felicidad
pues fue difícil traerte,
ellos te lo contarán,
pero mereció la pena
vencer la dificultad.

Ahora quiero decirte
algo a título personal:
tienes unos buenos padres
que te educarán muy bien
pues son una maravilla
mas quiere decirte algo
esta abuela sabidilla,
sé que Dios te dio talento,
cuando crezcas lo verás,
pero sé un hombre de bien,
no hagas daño a los demás.
No sé cual será tu fe,
no sé si tendrás alguna,
pero debes tener algo
que te sirva de consuelo
puesto que la vida es dura
intenta no ser soberbio
y practica la humildad
es un estado gozoso
que nos da felicidad.
Sé asequible a las personas
que tengan menos que tú,
ya se trate de dinero
o se trate de salud.
Yo ya no te digo más
referente a tu conducta,
sé que no era necesario
pero me hacia ilusión
por si servía de algo.

Cuando ya fueras mayor
sé que seguirás muy guapo,
lo eres desde que naciste,

el no poder comprobarlo
me pone un poquito triste
pero yo nací muy pronto
y tengo que rendir cuentas
como una buena cristiana
que a nuestro Señor respeta.
Ya me voy a despedir
porque mi capacidad
es bastante limitada
comparable a un manantial
que tiene poquita agua.
Aunque tu presencia hace
que el tiempo pase más lento
no hay duda que se termina
y sólo queda el recuerdo
mas no nos pongamos tristes,
disfrutemos del momento.

# Índice